学校礼仪

社会是一所小学校，学校是一个大社会

唐婷婷 编

朝华出版社
BLOSSOM PRESS

图书在版编目（CIP）数据

学校礼仪：社会是一所小学校，学校是一个大社会 / 唐婷婷编 . -- 北京：朝华出版社，2023.10
  ISBN 978-7-5054-5028-8

Ⅰ．①学… Ⅱ．①唐… Ⅲ．①礼仪－通俗读物 Ⅳ．① K891.26-49

中国版本图书馆 CIP 数据核字（2022）第 052122 号

学校礼仪：社会是一所小学校，学校是一个大社会

作　　者　唐婷婷

选题策划　未来趋势
责任编辑　刘冰远
责任印制　陆竞嬴　崔　航
装帧设计　刘昌凤

出版发行　朝华出版社
社　　址　北京市西城区百万庄大街 24 号　　　**邮政编码**　100037
订购电话　（010）68996522
传　　真　（010）88415258（发行部）
联系版权　zhbq@cicg.org.cn
网　　址　http://zhcb.cicg.org.cn
印　　刷　三河市元兴印务有限公司
经　　销　全国新华书店
开　　本　660mm×960mm　1/16　　　　　**字　　数**　190 千字
印　　张　14.25
版　　次　2023 年 10 月第 1 版　2023 年 10 月第 1 次印刷
装　　别　平
书　　号　ISBN 978-7-5054-5028-8
定　　价　59.80 元

学校应是礼仪示范与学习的场所

西汉著名教育家扬雄在《法言·学行》中说："师者，人之模范也。"作为一名教师，既要"学而不厌，诲人不倦"，又要以身作则，为人师表。所谓"先自治而后治人之谓大器"（《法言·先知》），教师的一言一行，都会对学生产生潜移默化的影响，所以教师必须严格要求自己，任何时候、任何场合，都要做学生的表率。

唐代韩愈认为师生应是相互学习的关系。在《师说》中，他既肯定了教师在传道、授业、解惑方面的主导作用，又强调了求教对象不分贵贱、长幼，"道之所存，师之所存也"；既要求学生虚心向教师学习，又鼓励学生敢于超越教师，所谓"师不必贤于弟子"；既提倡乐为人师，勇为人师，又宣传不耻下问，虚心拜人为师。

近代的一些教育家，如龚自珍、魏源、康有为、梁启超、严复、王国维、蔡元培等，尽管他们的教育思想、内容、方法等随着时代的变革与以前有着很大的不同，但对于教师礼仪规范的要求，却是一脉相承的。

由此可见，古人已经把礼仪修养提升到"修身、齐家、治国、平天下"的高度。作为 21 世纪的教师，更要认识到讲究礼仪和宣传礼仪的重要性。强调教师的礼仪规范，在过去、现在和将来都有十分重大的现实意义。

对于学生来说，礼仪也是人生的一门必修课。礼仪是学生道德修养的体现，对学生的健康成长起到了非常重要的规范作用。一个不懂得文明礼仪的学生，即使知识学得再多，也难以成为社会需要的人才。因此，广大青少年学生应当从小学礼、知礼、行礼，为人生打下良好的基础，将来方能成为一个文明有礼的优秀人才。

如今的青少年从小就是家人的重点保护对象，有时候他们对待学校和教师的管理不是从积极的角度加以冷静分析，而是抱着逆反心理不予配合。因此，对广大青少年学生进行礼仪教育十分迫切和必要。

我国清代著名思想家颜元说："国尚礼则国昌，家尚礼则家大，身有礼则身修，心有礼则心泰。"身居"礼义之邦"，应为"礼义"之民。知书达礼，待人以礼，应当是当代教师和学生的基本素养。

学校是教师从事教学活动和学生学习的主要场所，学校教育是学生步入社会之前的必经阶段，良好的学校教育能教给学生受用一生的知识和生活技能，为学生将来立足社会打下坚实的基础。

在学校里，教师要时时谨记教师的职责，学为人师，行为世范，以教育好学生为己任；学生应时时不忘学生的本分，把学习文化知识，提升自身素养作为第一要务。教师和学生都要时时端正自己的行为，处处践行礼仪规范。

第一章

教师礼仪：为师者的必修课

目录

第二章

教师的形象礼仪

目录

第三章
教师备课与教研活动的礼仪

目录

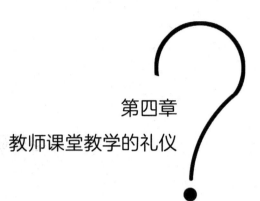

第四章
教师课堂教学的礼仪

目录

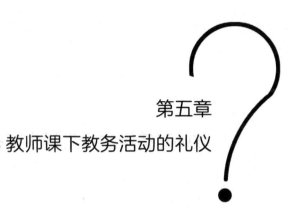

第五章
教师课下教务活动的礼仪

目录

第六章

教师对待学生及与学生交往的礼仪

目录

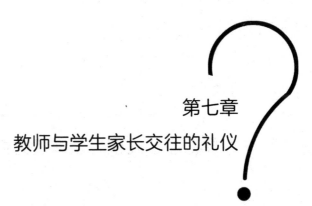

第七章
教师与学生家长交往的礼仪

目录

第八章

学好学生礼仪，塑造优秀青少年

目录

第九章
学生的形象礼仪

目录

第十章
学生的课堂学习与课后活动礼仪

目录

第十一章

尊重教师：学生与教师交往的礼仪

11

目录

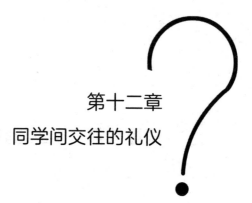

第十二章
同学间交往的礼仪

目录

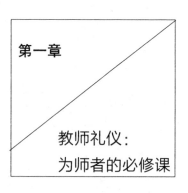

第一章

教师礼仪：
为师者的必修课

　　"师者，所以传道授业解惑也。"教师是知识的传播者、文明的建设者，是人类灵魂的工程师。从古至今，人们始终都在赞美教师，尊重教师，歌颂教师，因为教师就像蜡烛，燃烧自己，照亮别人；教师就像园丁，精耕细作，培育桃李。教师榜样的力量，永远是教育对象成才的保证。礼仪又称礼节，是人们在社会交往中尊重自己、尊重别人的一种规范的表现形式。教师礼仪，是教师在从事教育、教学活动，履行职务时所遵守的行为规范与行为模式以及其中所表现出的道德情操与文明修养。

01

—

教师礼仪的基本含义和内容是什么？

教师礼仪，指教育行业从业者应具有的职业道德，以及以美的仪态、美的语言、美的行为去感染教育对象、培养教育对象的基本行为规范。现代教师礼仪，一般包括以下三方面的内容。

◇ 教师的形象礼仪

现代社会非常关注教师形象，而教师礼仪对于规范教师形象有着重要的作用。从传播学的角度来讲，形象就是外界对教师的印象和评价。印象是内在的感觉，而评价是外在的表述。形象对一个教师来说，是其综合素质的最初体现，它对学生具有强烈的心理暗示功能。

教育心理学研究结果表明，教师的榜样作用对学生的影响力极大，学生常常有模仿教师行为的倾向。特别是在中小学阶段，学生最崇拜的便是老师，老师在学生面前的一言一行都会对他们产生潜移默化的影响。因而，教师必须讲究礼节风度，时时谨慎，处处垂范。学生受到熏陶，耳濡目染，从而端正自己的言行。

◇ 教师的教学活动礼仪

教师的教学活动礼仪，指教师在教育和教学过程中的教育艺术性、科学性和方法性，包括教师备课与教研活动的礼仪、课堂教学礼仪、课下教务活动礼仪。

教学活动礼仪是师生平等对话、提高教学质量的基础。教师需要针对不同学生的不同特点，做到严而有理、严而有度、严而有方、严而有恒，真正使教育教学活动从外在走向内在，从抽象走向具体，从知识走向情感，从观念走向体验，从形式走向心灵，使学生在轻松愉悦的教学活动过程中，学有所乐，学有所得。

◇ 教师的社会交往礼仪

教师是社会中的一分子，同样要和社会各个层面的人打交道，要面临各种各样的人际关系，亚里士多德说过："一个人不和他人打交道，不是一个神，就是一个兽。"

教师需要懂得基本的社会交往礼仪。融入社会、处理好人际关系，有助于教师更好地工作，更好地生活。教师注重社交礼仪，能体现自身的文明修养，也是教师不断增长社会知识、提升自我素质的重要途径。

孔子说："其身正，不令而行；其身不正，虽令不从。"区区十五个字，对今天教师形象的塑造仍有警示意义。

02

教师礼仪如何塑造教师良好的职业形象？

　　教师的职业形象是指教师在职业活动中遵循的社会规范、生活准则以及行为表现方式的总和，包括仪表、语言、风度等方面的内容。它要求教师在职业活动中做到衣着整洁、谈吐文雅、态度和蔼、举止得体等。教师的这些职业要求，不能只停留在纸上或脑海里。教师只有把它们外化为自己的礼仪行为，充分表现在教育、教学以及和他人的交往过程中，表现在自身的仪表装扮、言谈举止等方面，才能让他人对自己有深切的感受，才能树立起自己良好的职业形象。

　　礼仪可以帮助教师塑造一个总体的职业形象，包括外在形象和内在形象。外在形象是教师所表现出来的言谈举止、行为服饰等视觉形象，内在形象则是教师人品、格调、气质、风度等人格形象。前者是表现性的，后者则是意象（描述）性的。前者表现后者，而后者更能够深刻地影响前者。

　　大方得体的衣着、亲切和蔼的谈吐，既能彰显教师端庄、自信的魅力，又能体现教师勤奋、严谨的治学态度和积极进取、奋发向上的精神风貌，而衣着随便、不修边幅，甚至在讲课时把手插在衣兜里，语言粗俗，批评学生时不注意场合等，则很难使学生产生好感。这样的教师即使很有才华，也很难获得学生的尊重和认可。

　　在现代生活中，每个社会成员的外在形象都在传递着一定的信息，这些信息或反映社会的风尚、民族的传统习俗，或体现内在的情感世界、文化审美素养。教师重视礼仪修养，注意选择与交往环境、社交场合相适应的服饰衣着，既是对自己形象美的塑造，也是对别人的尊重。教师只有把对学生的尊重、关爱转化为具体的礼仪行为，才能在学生的心目中树立起良好形象。

良好的仪态是教师礼仪形象塑造的又一项重要内容。即使一个教师长得很美，但若仪态不好，其外在美也会受到破坏。对教师仪态美的总体要求是古人形容的"站如松、行如风、坐如钟"。除了站、行、坐的仪态要养成规范外，手的动作也要注意。谈话时，用手向对方指指点点是不礼貌的举动；在与人交往的场合，时常打响指会使人觉得缺乏教养。神态方面，眼神是神态的重要内容。在与学生交往时，教师的眼神应该自然、温和、稳重，使学生感到亲切而易信赖。

礼仪对于教师形象的塑造还表现在良好的气质对教师精神风貌的影响上。气质和风度不是靠一身华贵的服装就能够拥有的，而主要取决于教师广博的学识和丰富的阅历，正所谓"腹有诗书气自华"。教师要在与他人的交往中表现出开朗、达观、尊重、谦逊、友好的精神风貌，这样的人格形象才富有魅力。举止文雅、态度端庄、表情自然、面带笑容，是通常情况下会受欢迎的形象。

03

教师礼仪如何充分发挥示范作用？

教师礼仪的示范性，是由教师职业的社会功能决定的。礼仪本身就具有文化性、审美性、教育性。教师不但是礼仪文化的传播者，还是礼仪文明的倡导者、实践者。教育家陶行知先生就是这方面的典型代表——"希望年轻人做到的，自己首先努力做到；他处处在教育人，又好像处处在教育自己。"这种以身立教的精神，会使学生在不知不觉中受到影响，在社会生活中同样也具有积极的教育意义。

教师礼仪的示范性，体现在教育活动的各个方面。教师在教育教学活动中起着主导作用，对学生的影响是最直接、最强烈的。社会对受教育者的期望，要首先经过教师自身的内化，然后再由教师运用一定的教育手段，影响和感染教育对象，从而形成教师在教学活动中的示范性。同时，因为教与学过程中的相互影响，教师的思想品德、个性语言、行为习惯都将受到学生的监督和模仿。

德国著名教育家第斯多惠说："教师本人是学校里最重要的师表，是最直观的最有益的模范，是学生最活生生的榜样。"他还说："谁要是自己还没有发展培养和教育好，他就不能发展培养和教育别人。"因此教师礼仪的示范作用，是强有力的教育因素，其影响力广大而深远，不仅伴随着学生在校的学习与生活，而且会一直延续到他们长大成人，踏入社会，组建家庭，乃至毕生。

教师是学生最亲最敬的人，学生具有天然的"向师性"。教师的礼仪行为是学生最直接的榜样。学生在观察教师时，常常产生一种"放大效应"。教师的一些善举，会使他们感到无比的崇敬；教师的一点儿瑕疵，则会使他们产生莫大的失望。

教师遵守礼仪规范能有效地使学生在心理上产生一种被尊重、被理解的良好情感体验，使教育者与被教育者的关系变成带有心理亲和力的友谊交往，从而促进学生的健康发展。教师符合礼仪要求的行为举止，常以潜移默化的方式影响着每一个学生，使他们在无意识的模仿中逐步形成尊重他人、与人为善的道德品质和良好的行为习惯。教师讲课面带微笑，衣着整洁，姿态优雅有风度，与学生说话时亲切和蔼，能激发学生的学习积极性和参与教学的热情。反之，会使学生丧失学习的兴趣和积极性。

教师的行为潜移默化地影响着学生，影响着他们的处世态度和人生观。许多学生说，自己现在具有的一些礼仪常识，除了来自家庭教育外，主要来自教师的言传身教。教师要具有人格魅力，语言、心灵、仪表、行为都要美，身体力行去影响和熏陶学生。

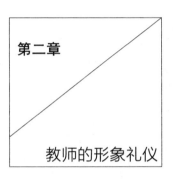

第二章

教师的形象礼仪

　　教师的形象是教师风范的表现，清爽健康的样貌、文明端庄的举止、正派的作风、儒雅的风度等，都无形中成为学生乃至社会学习的楷模。因此，教师在教学活动中必须注意自己的形象，讲究形象礼仪。

　　教师的形象礼仪包括仪容礼仪、着装礼仪和举止礼仪三方面。教师的仪容、着装和行为举止，对于学生审美观，特别是中小学生审美观的形成起着重要的示范作用。所以，教师在学校里必须要注意塑造良好的形象，让形象魅力在教书育人中发挥出更大的作用。

04

教师的仪容礼仪有哪些基本要求？

仪容指人的外表、外貌，它是由发型、面容，以及所有未被服饰遮掩的、暴露在外的肌肤构成的。

俗话说："爱美之心，人皆有之。"好的仪容令人赏心悦目，能够给他人留下良好的第一印象。作为一名教师，仪容可以体现出你的精神状态，甚至是你的工作状态。

◇ 端正庄重

要求仪容端庄，就是要求在修饰、整理仪容时，要使之端正、庄重、斯文、雅气，而不允许把仪容搞得花哨、轻浮、怪异。教师在整理、修饰仪容时，应当首先对端庄这项基本要求予以重视。

◇ 整洁干净

干净、卫生、整洁，是对仪容的起码要求。讲究个人卫生，经常洗手，常剪指甲，早晚刷牙；坚持洗澡，经常洗头、洗脸，保持耳、鼻和眼角、嘴角的清洁卫生；坚持定时剃须，修剪鼻毛、耳毛，保持卫生整洁。

◇ 简约朴实

仪容修饰要做到简洁、明快、朴素、实用，不需要过分修饰，一切以简朴自然为出发点。例如发型，男性不留长发，不梳小辫子，不剃光头；女性不搞新奇怪异的发型。简约是由教师的工作性质决定的，仪容简约，体现教师传统、庄重的风格。

◇ 得体自然

仪容修饰要与职业特点相适应，与个人条件相吻合，这就是得体。无论男女教师，仪容修饰都应做到得体、自然、大方。

◇ 适当修饰

仪容修饰是指依照规范与个人条件，对仪容实行必要的修饰，扬其长，避其短，塑造出美好的个人形象，在人际交往中尽量令自己显得精神焕发。

讲究仪容礼仪不仅要遵循科学的操作步骤对仪容进行修饰，让容貌体现自然之美，同时还要加强修养，注重提升自己的品质，内外兼修。

05

教师如何修饰自己的仪容？

◇面部修饰礼仪

面部是仪容中最引人注目的部分，教师的面部修饰应符合下列要求：

①及时地洗脸净面。如果脸上常存有灰尘、污垢，难免会让人觉得此人又懒又脏。所以教师要随时保持面容的干净。

②修剪面部体毛。对面部不雅的体毛，如鼻毛、耳毛、胡须、过分粗长的眉毛等，应进行必要的修剪，时刻保持面部的清爽、干净。

③保持眼部的清洁。每天要及时清除自己眼角的分泌物，如果不及时清除而使其堆积成"山"，看上去就会显得十分邋遢。配戴眼镜的教师要保持眼镜的清洁，应当经常揩拭、清洗镜架、镜片，避免上面留有污垢、积尘、油渍等。

④教师工作时可化淡妆。化妆可以让人显得更美、更有活力，工作妆要注重清新、自然，绝不可浓妆艳抹，避免让人觉得轻浮、不务正业。

◇发式修饰礼仪

发式美是仪容美的一部分。头发对人的形象有重要影响。有句俗语："若是仪表不佳，不妨洗头理发。"

头发清洁、整齐是对礼仪中发式的最基本要求。头发要干净有光泽，没有头皮屑，没有异味，并要梳理整齐。

无论男女，只要一个人所选的发式与自己的脸型、肤色、体形相匹配，与自己的气质、职业、身份相吻合，就是合适的发式。决定发式美的许多因素是个人无法随意改变的，但通过对不同发式的选择，可以充分展现自己美的部分，从而扬长避短。

从职业、身份、环境、自身条件的角度讲，教师的发式应端庄大方，尽量露出自己的整个脸庞，不要遮遮掩掩。朴实、端庄、大方、整洁的发式会给学生留下生气勃勃、精神饱满的印象，给学生愉悦的精神享受。

女性教师在发式方面有很多选择。其基本要求是工作场合不烫夸张、另类发式；即使染发，也不染过于艳丽的颜色，可以染成和黑色接近的颜色，如棕色、栗色等。

工作场合最规范的发式是盘发、短发、束发、齐肩发等。无论是哪种发式，刘海都不要遮挡眼睛，还要确保不在工作的时候经常用手拢头发。工作场合采用盘发或束发时，发饰要选择与头发颜色相协调的颜色，款式简单、大方。像发箍、卡通发饰等都不宜在工作场合使用。

对于男性教师来说，头发的打理相对简单。首先要常剪，注意发际线的整齐；其次要常洗，每天洗发最好；注意不能有头屑。作为教师，不能像文艺工作者那样，总是想与众不同，表现个性。

◇肌肤保养礼仪

如果教师皮肤遍布粉刺、痤疮和各种疤痕，难免给人造成一种邋遢、饱经风霜的感觉。人体皮肤的健美是精神面貌和心理状态处于最佳时期的综合表现，也是充足的睡眠、合理的饮食、积极的锻炼、丰富的营养和有效的身体保养等综合作用的结果。因此教师在日常生活中，要注重对肌肤的保养，根据皮肤的不同性质等特点，采取不同的保养方法，方能取得理想的效果。

①勤洗脸、洗澡，清洁肌肤。若使用了化妆品，应在洁面前先卸妆。

②适当使用护肤品，不可滥用美容产品。

③出现过敏等肌肤问题，应及时就医。

④注意防晒，避免强烈的阳光过多地照射，以免引起皮肤问题。

06

—

教师着装有哪些基本礼仪规范？

一名教师的气质、风度和魅力，都能够从他的着装上反映出来。从容的气度、得体的穿着，会令人悦目，产生美感，赢得学生们的爱戴与尊敬。

◇ 教师着装应与时间、场合相协调

得体的穿着，不仅可以使人显得更加美丽，还可以体现出一个人良好的修养和独到的品位。工作着装以庄重大方为原则。作为一名教师，需要掌握一些基本的着装规范：

①着装要考虑四季的变化和一天中不同时间段的变化。冬天选择保暖的冬装，夏天选择清凉的夏装；昼夜温差较大时，可以加一件外套或戴一条围巾。②不同的场合应有不同的着装。比如在教室上课时，着装应庄重、大方一些，体现教师的精神风貌；在学校集会等正式场合，着装则应正式一些；在参加课外活动或者进行学生家访时，则可以随意、休闲一些。

◇ 教师着装的个性化要适度

个性化着装是指人们在社交场合通过着装展现自己与他人不同的形象。不同的人由于年龄、性格、职业、文化素养的不同，自然就会形成各自不同的气质。我们在选择服装时，不仅要符合个人的气质，还要彰显自己气

质美好的一面。为此，必须深入了解自我，正确认识自我，选择适合自己的服饰，这样，可以让服饰尽显自己的风采。

作为一名教师，可以使自己的打扮富有个性，但要注意不盲目追赶时髦。看到别人穿什么好看就马上跟风，而不考虑自己的综合因素，可能会弄巧成拙。

①个性化服饰要与体形相称。

人有百态，高矮胖瘦，各不相同，但爱美之心，人人皆有。因此，如何扬长避短，巧饰妙扮，其中大有学问。

体形肥胖的人，不宜穿色彩太艳丽或带有大花纹、横纹的服饰，否则会导致体形向横宽视错觉方面发展。宜穿深色、冷色或带有小花纹、直线纹的服饰，可以显得清瘦一些。

体形瘦高的人，宜穿浅色或带有大方格、圆圈等花纹的服饰，以视错觉来增加体形的横宽感。同时可选用红、橙、黄等暖色调的服饰加以搭配，使自己看上去更丰满一些、匀称一些。

体形矮的人，尽量少穿纯黑色或色彩过深的服饰，免得在视觉上造成收缩的感觉，应该挑选素色和带有长条纹的服饰。

体形高大的人，宜穿着带有小花纹或隐纹的服饰，不宜穿着颜色浅且鲜艳的服饰，避免造成扩张感，使形体在视觉上显得更高大。

②个性化服饰要与肤色相符。

服饰颜色与肤色能否搭配合理，这直接关系到着装效果。

肤色白皙的人，很幸运地适合穿各种颜色的衣服。

肤色偏黄者，应避免穿明度高的蓝色、紫色或黄色上装，否则会黄上加黄，缺乏生气。可以选用一些粉色调的服饰，如粉白、粉红等，这样可以使黄色皮肤显得白皙柔和些。

肤色较黑者，可以选一些比较明亮的颜色，如浅黄、鱼肚白、粉白等，这些颜色可以强化肌肤的健美感。纯白的上装和裤子、裙子不要随便穿着，这样与肤色反差太大，缺乏美感。

③注意颜色的搭配。

不同色彩会给人不同的感受，如深色或冷色调的服装让人产生视觉上的收缩感，显得庄重严肃；浅色或暖色调的服装会有扩张感，显得人轻松活泼。因此，可以根据不同需要进行选择和搭配。

一是同色搭配，即由色彩相同或相近，而明度有变化的色调相互搭配，如银灰色上衣与深烟灰色裤子搭配。由于同种色搭配符合"变化的统一"这一艺术规律，容易给人以端庄、稳重、高格调的感觉，所以礼仪场合运用得最多。

二是邻近色搭配，色彩学把在色相环上大约90度以内的两种颜色称为邻近色，如红与橙黄、橙红与黄绿、黄绿与绿、绿与青紫等。运用相近的色彩搭配，应遵守服饰礼仪的"三色原则"，即在正式场合，服饰的色彩在三种以内比较协调。

三是主色调搭配，即选定一种起主导作用的颜色，相配于各种颜色。这种配色方法首先要决定整套服饰的基调是偏冷还是偏暖。主色应与整套服饰的基调相一致。以暖色为基调的服饰，主色应选暖色；以冷色为基调的服饰，主色应选冷色。

④通过饰物点缀体现个性。

饰物点缀在个性化着装中大有讲究。巧妙地佩戴饰品能够起到画龙点睛的作用，给着装增添亮点。但是佩戴的饰品不宜过多，否则会分散别人的注意力。佩戴饰品时，应尽量选择同一色系，与整体服饰搭配统一。教师切忌佩戴过于夸张的饰物。

◇ **教师着装礼仪的禁忌**

一般而言，教师着装有"脏、乱、破、露、透、短、紧、艳、异"九字忌讳。

①忌脏。

脏，就是懒于换洗衣服，使自己的衣服皱巴巴，满是油污、汗迹、汤渍，令人看不出衣服本来的颜色，甚至异味令人掩鼻。整天穿着脏兮兮的衣服上班的人，多会给人以萎靡不振的印象，而且还会让人怀疑其对生活丧失了信心。务必要牢记，工作再忙，身体再累，都不能成为自己整天穿着脏衣服来学校的理由。作为一名人民教师，如果连穿着干净整洁都做不到，怎样使人相信其能做好教育工作呢？

②忌乱。

乱，就是衣服的穿着不合规范。比如上衣不是穿在身上而是披在身上，裤管与袖口常卷得高高的；或是把本不协调的服装强行搭配在一起，如以西服上衣配牛仔裤，穿西服套装时配布鞋、凉鞋、旅游鞋等。

③忌破。

破，是指服装破损、残缺。我国历来提倡艰苦奋斗，勤俭节约，但是这不意味着服装残破不堪。要是教师在办公时所穿的服装这儿撕开一个口子，那里烧了一个窟窿，甚至连纽扣也不齐全，肯定难以使人信服其工作是认真、严谨的。

④忌露。

露，就是过多暴露了本应"秘不外宣"的躯体，从而给人以不良印象。在办公时，教师应当忠于职守，勤于业务，而不宜穿着过分暴露的奇装异服。在一些比较正式的场合，通常不宜穿着露胸、露肩、露背、露腰以及暴露大腿的服装。赤脚不穿袜子，也不够正式。

⑤忌透。

透，就是外穿的衣服过于单薄透明。在办公时穿"透视服"，不但会给人以过于轻浮的感觉，还会使自己的敬业精神受到怀疑。

⑥忌短。

教师在办公时的着装应当大小、长短合身。一般来说，背心、马夹、短裤和"露脐服"，都是不适宜在办公时穿着的服装。

⑦忌紧。

紧，主要是指衣服过紧地包裹着自己的身体，既不雅观，又不文明，教师在办公时是不适合这样穿着的。

⑧忌艳。

艳，就是指服装色彩过多，过于鲜艳，图案过分复杂。在办公时，教师的着装应当体现出庄重的风格。因此，太过艳丽的服装最好不要穿着。

⑨忌异。

异，就是指着装的搭配穿法等怪异奇特。例如，把衬衫围在腰上，把太阳镜支在头顶。对于这种着装过异的做法，教师切不可赶时髦，一味跟进。

总之，在着装打扮方面，教师须做到端庄、简约，符合身份。

07

教师举止礼仪有哪些要求？

举止，包括人的站姿、坐姿、表情、神态以及身体的各种动作。它能以小见大地体现一个人的思想和感情。通过它可以洞察一个人的喜、怒、哀、乐。因此，人的举止一向被当作人类"第二语言"，在人际交往中备受瞩目。作为一名教师，无论在日常工作中还是在人际交往中，都要使自己的举止得体，以高素质的举止展现自己良好的礼仪形象。

教师的行为举止必须符合规范，必须严格依照教学活动中明文规定或约定俗成的规矩去做，不能随心所欲。例如，要按教学场合通行的站姿、坐姿、蹲姿、走姿去保持自己的良好仪态；要按规范的方式讲课；注意倾听学生的提问，不轻易打断学生的发言；等等。

教师的举止应得体适度。教师要根据教学活动的具体内容、性质、类型、时间、场合、氛围，针对具体教学对象和相互关系，认真依照规范和具体的操作标准，有分寸地控制自己的举止，使之恰到好处，达到教学效果。

教师的举止要力求做到文明优雅。比如说，不应当在课堂上或学生面前挖鼻孔、掏耳朵、擦眼屎、抹鼻涕、吐痰、修指甲、抓痒痒、拽袜子、脱鞋子、扔烟头、吐烟圈等。举止优雅就是要富于美感，而且是有充实的文化内蕴的美感。既潇洒又稳重，既优美又大气，既有活力又不令人感到轻浮，既沉静端庄又令人感到温馨可亲，既有个性魅力又让人感到平易近人。

第三章

教师备课与教研
活动的礼仪

古人云："凡事预则立，不预则废。"备课与教研活动是整个教学过程的总策划、总设计，是教师教学活动的起始环节，它关系到课堂教学的有效性，表达着教师的创新精神，体现着教师的教学观。因此，在备课与教研活动中，教师需要遵循各种礼仪规范，并根据课程标准的要求和某门课程的特点，结合学生的具体情况，对教材内容进行加工和处理，从而创造性地设计出目的明确、方法适当的教学方案。

08

一

教师备课的重要意义是什么？

备课是教师在一定的教学观念指导下，根据教学需要，为实现教学目标所做的准备工作，是组织好课堂教学的前提和基础。教师每次备课都要根据以往的经验进行新的组合，通过不断总结以往的教学经验、借鉴别人的教学经验，不断丰富自己的教学经验。为了优化课堂教学，教师在备课过程中也要符合教学礼仪和规范，体现高尚的职业道德。

教学是一门科学，也是一门艺术。教师要在有限的时间内完成一定的教学任务，要把教材中的知识变成学生的财富，要使学生喜欢自己的课，这里面大有文章。教师只有在上课之前认真准备，进行精心的设计和周密的安排，才能取得良好的课堂教学效果。如果课前无准备或准备得不够充分，教学工作就会有很大的盲目性和随意性，提高教学质量将成为一句空话。

对于教师而言，备课简直是再熟悉不过了，谈及备课似乎会令人兴味索然。可是越是那些司空见惯的东西，通常我们对它们的认识却越浅。备课之于教师，也是如此。备课是教师对整个教学活动的一种预设，是高效完成教学任务的一个重要环节。

"工欲善其事，必先利其器。"一个从来不知道什么叫备课的教师，当然不可能成为一名好教师；一个从来不愿认真备课的教师，当然也不可能成为一名优秀的教师。我国著名特级教师斯霞说："要上好课，首先要备好课。我常常把备课比作指挥员在组织'战役'，我总是反复推敲，直到自己认为设计方案比较满意为止。"老一辈教育工作者张子锷说："我教中学物理五十年了，同教三个班，课已讲了一百五十遍了，但是到最后一遍，不备课我还是不敢上课。"因此，每一位教师，特别是年轻教师，要充分认识备课的重要性，不能把备课看作可有可无的事情，更不能不备课就上讲台。不管教学如何改革，备课环节都是不应该被弱化的。课堂需要即兴发挥，但同样需要有效的预设，所以，教师要重视修炼备课这一教学基本功，掌握备课的方法与技巧，努力提升备课的功力。

09

教师要备好课有哪些准备工作？

◇**认真研究课程标准**

  课程标准是教材编写、教学、评估和考试命题的依据，是国家管理和评价课程的基础；它规定了各门课程的性质、目标、内容框架，提出教学建议和评价建议。那么，落实到具体的学科教学中，学习和理解课程标准对于教师备课有什么意义呢？

  一是通过学习和理解课程标准，理解所处学段的总体目标要求，从而把所授课程内容与课程标准自觉联系起来。课程标准鼓励教师在教学过程中创造出风格各异的教学方式、方法，体现出不同的个性，但殊途同归，最后都要落实到目标的实现上。所以备课前胸中有"标准"是非常重要的，它会引导我们去思考备课的内容、目的和意图等问题，从而使教学具有方向性和实效性。

  二是通过学习和理解课程标准，理解教学方法和教学手段对于传授知识、培养能力的适用性和有效性，从而在备课过程中精心设计和安排各种教学方法和手段，提高课堂教学效率。鉴于教学内容的丰富性，课程标准在教法上不可能对每一个知识点都进行明确细致的指导，但基本的思路、方法是清楚的，我们应该在此基础上结合具体的教学对象、教学内容进行具体教法的设计。

三是通过学习和理解课程标准，认识到课程标准并不直接对教学具体内容、教科书编写体系、教学先后顺序等问题给出硬性的、统一的规定，只是对这些问题提出建议、指导和多种可供选择的设计模式，所以它对教科书编写、教师教学和学生学业评价的影响是间接的、具有指导性的，为教师教学的创造性发挥留下了广阔的空间。教师在备课中应充分利用并发挥这个空间，大胆创新，敢于作为。如可以更换教材中的例子，可以更换课文或重组单元，可以拓展延伸，可以融合其他教学资源。

◇钻研教材与吃透教材

教师要进一步登高望远，注重自我提升，就要尽可能钻研相关教材，做到腹中有"本"。深刻地理解教材、准确地把握教材、恰当地处理教材是教好课的前提，也是衡量教师教学水平的重要指标。

教材是由专家和有丰富经验的一线教师根据课程标准编写的，是供教师和学生阅读的最重要的材料。钻研教材是整个备课工作的主体部分，教师在备课时务必认真地钻研教材、吃透教材，做到对教材内容了如指掌，对主要内容记得牢、讲得出、讲得准、讲得活。

有的教师之所以教不好课，是因为他们对教材的认识太肤浅。他们往往摆脱不了教材的束缚，甚至成为教材的俘虏。那么，教师应如何钻研教材和吃透教材呢？

①从整体入手，通览全套教材。从整体入手，就是要循着编者的思路，依据编者的意图，从宏观上把握全套教材的主旨，学习、研究教材。

②通读某一册教材。在浏览全套教材的基础上，教师要在新学期开学之前通读所要教的某一册教材。通过通读全册教材，教师要全面了解全册教材有哪些教学内容，要求学生掌握哪些基础知识与基本技能，各个章节、单元的教学目的、重点、难点、关键点是什么，从而准确地把握教材的深

度和广度，进而提高教学效果。

③细读教材的某一单元。教材的每个单元都是相对独立的。教师在单元备课时，要细读本单元的内容，分析其内部结构，把握知识点之间的内在联系，找出重点、难点，明确本单元教学内容在全册教材甚至全套教材中的地位与作用。这样就可以在教学时做到重点突出、前后联系，就可以使学生更好地理解教材。

④精读即将施教的部分教材。研究每节课的教学内容，是教学前要做的最细致、最重要的工作。即将施教的部分教材是教师设计教学预案的基础，因此，教师必须认真学习、仔细揣摩、真正弄懂这部分教材内容。

⑤科学合理地处理教材。教材内容是按照学科本身的科学性和系统性来编排的。教学时，教师不能把教材原封不动地搬到课堂上，它需要执教者的创造加工。教师必须根据教学内容、教学目标、学生的知识基础、学生的认识规律及心理特点，对教材进行合理的调整与处理，重新组织、科学安排教学程序，选择合理的教学方法，将教材系统转化为教学系统。

以上五个步骤是有机联系的，但教师备课时不一定要按照这样的步骤进行，应重点突破自己的薄弱环节。

教材是教学之本，是教学内容的重要知识载体，是教师进行课堂教学的依据。只有在备课中认真钻研教材，"吃透"教材，才能保证所授知识的正确无误，才能做到课堂教学从容不迫，才能让学生建立起对教师的信任和尊重。

◇ **有效利用教学参考资料**

教学参考资料，简称"教参"，即教师组织教学时用来参考的相关资料。教参是教师备课的助手，可以帮助教师拓宽知识面与教学视野，加深对教材的理解，是教师教学的好帮手。但教参毕竟不是教材，更不能取代教材。

那么，怎样有效地利用教参呢？

①要摆正教参的位置，做到"教材第一，教参第二"。若只忙于查阅参考资料，就会影响自己的教学思路，很难形成自己的看法。教师首先要研读、揣摩教材，把握其基本内容，标出教材中的重点和难点，形成自己的想法，然后参看教参，加深对重难点的理解，选取教参的教学建议编写教案。这样，教参才能帮助教师拓展思维空间，更好地把握教学过程，避免走入上面谈到的误区。

②比较挑选，择善而从。教参往往反映着学科的研究成果，凝聚着他人的心血和智慧，可以加深教师对教材的理解。不同的教参对同一教学内容以不同的角度加以分析，可以相互补充、印证，给教师以有益的启示。但教参往往是一家之言，其中也会有片面的地方，因此应采取审慎的态度，根据教学目的、教学对象决定取舍。

③独立思考，保持个性。设计教学内容时，要有自己的思考和见解。对于教参的内容，既要取其精华，又不盲从轻信。教参只能是参考，不能代替自己的思考和理解。我国著名特级教师斯霞认为："教学参考书写得再详细、再具体，也不能代替自己钻研教材。有的青年教师有了参考资料就不去研读课文了，他们认为写参考书的人水平比自己和其他老师高，不必再下功夫去钻研教材。这种想法和做法是用别人的劳动直接代替自己的劳动。长此以往，必定会影响自己业务水平和教学质量的提高。"

④创造性地利用教参，做到"了解学生，个性解读"。在备课中，教师要做到不受教参观点的左右，以教参的分析为触发点，发散思考，逆向思考，形成自己独到见解的前提是，教师对教材的钻研要很深刻，对学生的了解要很全面，能在研读揣摩教参的过程中进行个性化的解读，并且能将自己的解读与学生的实际结合起来。

教学需要教参，借鉴别人的成果可以让自己少走弯路。但教参只是参考，不能过分依赖。因此，教师在学习其他教师的经验和借鉴他人做法的时候，千万不要迷失了自我。

◇ 善用"其他教学资源"

"其他教学资源"是一个内涵和外延都非常丰富的概念，它指本学科教材以外的对教学能产生积极作用、辅助学生理解认知的所有内容和形式。拿语文来说，图书、报刊、广播、电影、电视、网络，报告会、演讲会、辩论会、朗诵会、故事会，书店、图书馆、展览馆，自然风光、名胜古迹、风俗民情，家庭生活、社会生活等都可以成为语文教学资源。这里的语文教学资源是一个非常宽泛的概念，它的外延几乎和生活的外延相当。这就要求教师有一个"大语文"的观念，眼界和思维都要非常开阔。教师只有具备了强烈的资源意识，充分利用其他教学资源来积极为教学服务，教学才会获得充足的源头活水，教学的空间才会无限拓展延伸。

① 学会获取"其他教学资源"。

教师可以采取以下方法来获取其他教学资源：根据相关教学资料的提示，从网络等渠道搜集、筛选对教学能产生帮助的资源。通过备课组教师间的信息共享或借助老教师的指点，获得那些对教材学习有帮助的资源。注重和其他学科教师的沟通交流，从其他学科处获得与本学科知识互为映衬、补充的资源。

需要注意的是，"其他教学资源"的外延极为丰富，要获得对教学有益的资源，寻找过程中一定要目标明确、范围清晰。如利用网络搜索时，我们务必把关键词确定得明白、准确一些。

② 学会利用"其他教学资源"。

教师备课中，对"其他教学资源"的利用一般通过以下两种方式来实现：一是用以延伸、拓展教材中不够深入的内容，用来补充教材中不够丰富的知识；二是用以验证教材中的观点，辨析、澄清某些容易混淆的知识、概念等。

理科课程可以根据学生的学习状况补充一些课外的例题，或更换教材中的例题。而文科课程可以进行学科间相关知识的互融渗透，可以广泛搜集课外资料提供给学生阅读、思考，可以通过丰富多彩的形式，借助多样化的空间平台来拓展、延伸、补充教材内容。

10

教师如何针对学生的情况因材备课？

教师应摆正位置，以学生为中心，尊重学生，把爱心和耐心体现到备课当中。教师备课除了要对教学大纲心中有数，还要"胸中有书"，更要"目中有人"。学生是学习的主体，教师的"教"要落实到学生的"学"上。

教师备课时既要研究教材知识体系，更要熟悉学生的实际水平，应将学生与课本知识之间的差距作为教学设计的着眼点，以系统、整体、联系的观点去把握学生已具备的知识水平和潜在的通过教育能达到的知识水平。

教师在备课时不仅要分析班级的整体情况，还要熟悉不同层次水平的学生个体。要针对不同类型的学生，选择不同的教学方法，不仅要保证水平高的学生能够"吃得饱"，还要保证水平低的学生"能消化"，使全体学生都能得到最大程度的发展。

教师不仅要了解学生个体的学习动机，还要了解学生的学习能力、思想表现、品行修养等。能否真正地理解学生，这在很大程度上决定了教学活动的进程与速度。教师需要了解学生已经知道什么、学生想了解什么、学生对什么感到困难。只有这样，教师才能准确地指导学生的学习。

这就要求教师从以下四个方面做起。

◇ 应该尽可能多地去了解学生

这包括了解每个学生的精神世界，了解他的优点与缺点，了解他的各种需要，了解他的思维、情感、天资、能力、兴趣、倾向与爱好等。

◇ 应该从心理换位的视角去理解学生

这就要求教师必须站在学生的角度去思考学生的一言一行、一举一动。只有如此，教师才能更好地了解学生的个性品质，进而做到因人制宜、因材施教。

◇ 应该从发展的视角理解学生

辩证唯物主义要求我们必须用发展的观点看待一切事物。学生作为未成年人，具有非常强的可塑性与发展性，教师必须用发展的眼光看待学生。

◇ 应该从平等的视角理解学生

教师应该视师生关系为一种和谐的、平等的、互动的关系。从这个视角看，教师对学生的理解必须建立在师生之间精神相互沟通的基础上。换言之，教师只有首先向学生敞开自己的心扉，才能打开学生的心扉，进而真正地理解学生。

11

教师高效备课有哪些基本步骤?

◇对教学情景与课堂过程进行设计

①教学情景的创设。

对教学情境的创设，能够以十分鲜明的形象对学生感知的真切性进行强化，以真切的情感将学生参与认知活动的主动性调动起来，以广远的意境激发出学生的想象力。创设教学情境的途径是多样的，如生活展现情境、实物演示情境、图画再现情境、音乐渲染情境、表演体会情境、语言描述情境等。教学意境的创设切忌故弄玄虚、牵强附会，要考虑到学生实际水平和教学内容。

②教学过程的构建。

作为课堂教学的组织者和引导者，教师要想令教学有序、有效地展开，必须要对教学过程的构建加以重视。教学过程的构建首先要树立现代的教学观念，坚持"以人为本"，发挥学生的主体精神和创新意识，以"学生自我尝试在先，教师的引导在后"为原则，变程序式课堂教学为建构式课堂教学；其次要遵循教材的实际和教学心理发展的特点，不同的教材内容呈现的形式及其采取的教学程序也是不同的。例如"情境—活动—体验""问题—讨论—总结""自择—自悟—交流"等，各有各的风格，各有各的优点。无论采取何种程序，都要有利于教学情境的创设，有利于问题的提出，有利于学生的自主、合作、探究学习，有利于活动的展开，有利于教学目标的达成。当然，教学过程是个动态过程，它常常需要调整和变化。

◇合理安排内容，准确把握重点难点

教学内容的容量要适当。如果一节课的教学内容太少、信息量太少，学生吃不饱，就会导致教学效率低；但教学内容也不宜安排得太满，尤其是公开课，教师往往为了给听课者留下好印象，总想多安排一些内容，结果由于时间非常有限，什么都难以深入。

一位小学教师就有这样的教训："过去我钻研教材，常常在灯下钻得兴趣大作，从字词句到篇章结构，甚至每一个标点符号，都大加推敲。一个句子明明意思很清楚，也要找出它的言外之意；一个字或一个标点，明明用法很平常，也要挖掘它的奥妙。于是觉得处处当讲，参考资料全部抄上还要加上自己的心得体会，结果教学杂乱无章，上起课来连满堂灌也灌不了。"

每节课几乎都有各自的教学重点和难点，如果备课的重点和难点不明确，教学中主次不分，很难取得好的教学效果。因此，在备课中，教师必须把握住重点和难点。当教学内容确定以后，认真考虑、确定哪些内容是教学的重点、哪些内容是教学的难点。然后考虑怎样突出重点，突破难点，比如教学时怎样与学生熟悉的生活相联系，怎样与学生已有的旧知识相联系等。进行教学设计时，教学内容中的重点、难点要放在突出位置，并预留充足的时间。

◇认真设计课后作业

学生的作业，是教学的重要反馈形式，教师布置作业应当做到"三个清楚""两个指导""两个注意""一个注重""一个知道"。

①三个清楚。一是弄清楚作业的训练意图和训练目的；二是弄清楚作业在内容上的广度与深度，比如答题，需要回答出几个方面内容，回答到什么程度；三是弄清楚作业的格式要求。

②两个指导。如何指导作业中的难点；如何指导后进生。

③两个注意。注意将作业中反馈的问题有机地纳入课堂教学过程中；注意与以前同类作业比较异同，使作业发挥巩固、发展学生技能的作用，避免简单机械的重复练习。

④一个注重。注重给学生留含金量高的作业。

⑤一个知道。要知道学生需要多长时间来完成作业，注意作业量要适当，将学生的课业负担控制在适当的范围之内。

总之，要提高教师课堂效率就要好好备课，而备课对于教师的素质提出了很高的要求，教师要学习新的理念，研究教材和学生，掌握可行的教学策略，合理应对学生提出的各种问题，这样才能灵活贯通，更好地实施教学。

12

教师开展教研活动的意义是什么？

教研即教育研究，是指在教师之间组织的总结教学经验、发现教学问题、研究教学方法的分享和研究活动。教师开展教研活动，对教师发展和学生成长都具有重要意义。

◇ 有利于促进教师的专业发展，提升教学艺术

教研活动可以促使教师之间学习互补，不同的教师在智慧水平、知识结构、思维方式和认知风格等方面都存在差异，即使面对同一课题，不同的教师在分析教学内容、选择教学方法、设计教学方案等方面也会有不同的思路和方法。正是这种差异的存在，构成了难得的教研资源，使得教学研究的意义更大。在教研中，教师之间可以就教学内容进行互动，从而相互启发，实现思维、智慧的碰撞，使原有的教学思路更加科学与完善，教学目标的实现更加顺利。教师在合作中，可以借鉴和吸收他人的经验，聚集体智慧于一身，在教学中实现双赢，促进教师专业全面发展。

教师的教学艺术功力无疑是在教学实践中形成的，而教学艺术不是一成不变的，它的形成是一种由体验、感悟到掌握、运用，再到娴熟发挥的动态发展过程。因此，教学研究活动对于提升教师的教学艺术有着重要的作用。

◇ **有利于促进学校的长远发展**

　　教学科研在学校教育工作中具有重要意义，学校的教学科研水平是反映学校教育实力的一个重要指标。学校整体教学质量的提升，不单纯靠教师个人的专业发展，它取决于学校教学组织文化的改变。

　　教师只有积极参与合作学习，才能塑造出优良的教学文化，学校教研组是一个合作学习的共同体，教师要想超越自己已有的教学水平，必须学会与其他教师合作，吸收别人的经验与教训，从而全面提升自身的教学水平。只有教师的教学水平提高，学校的教育水平才能持续长久地整体发展和进步。

13

教师开展教学研究应避免走进哪些误区？

◇ 走出研而无用的误区

教育理论和教育教学实践存在着某种程度的分离现象。有一些教研仅仅停留在理论层面，不能围绕学校、教师本人在教学中遇到的实际问题而开展教研活动，偏离"学校为本"，所选课题或过大或盲目跟风，研究成果也是"闭门造车"之作，自然很难在研究中发现问题、解决问题，其成果当然也难以用来指导自己的教学实践。

◇ 走出功利性太强的误区

有一部分教师做研究并不是为了本人专业化成长的需要，仅仅是将开展教研活动作为自己评选先进和职称的敲门砖。

◇ 走出求新求异的误区

有的教师在选择研究课题时，一旦发现他人已经有所研究，便会搁置一旁，重新选择课题。历年的课题名录常常是教师选择课题的重要参考，他们并不去深究已有的研究成果说明了自己哪些方面的问题、解决了自己的哪些困惑。结果是课题研究中很多新名词、新概念不断出现，呈现出"眼球教育科研"的状态。事实上，教师所面临的不少课题都是有共性的。由于学校的情境不同、传统各异、办学思想有所区别等，其他学校的研究常常并不能解决本校的问题，有时对于同样的课题进行深入研究是十分有必要的。

◇ 走出贪大求全的误区

有一些教师在教研的时候选的课题十分宽泛，动不动就是以学校的整体变革作为课题。这样的课题里并没有明确的目标指向，因此选择这样的课题之后，很多便是浅尝辄止，有欠深入。有时，对局部关键性问题脚踏实地地开展研究所产生的辐射、互动、连带作用，远胜于浮于表面的面面俱到的研究。

◇ 走出"经验即理论"的误区

一些教研仅仅满足于纯粹的现象描述和经验的总结，很少会运用教育理论来对各种教育现象进行分析，所谓的教学研究论文仅仅是教学笔记或会议报告。如果没有超越对具体的、偶然的教育现象的描述，不能结合教育理论来把握现象背后的规律，不能把经验上升到理论层次，这样的教研作用非常有限。

◇ 走出"教研就是写论文"的误区

很多教师一谈到教学研究，就以为是撰写学术论文，好像没有论文发表，就不能算得上是研究。其实，教研的价值在于其实用性和改进性，其最佳研究模式应为行动研究、叙事研究等。一些教师之所以产生"教研就是写论文"的错误认识，是因为他们把教研的目的与手段倒置了，没有认识到论文只是教学研究活动成果的一种表达方式。

14

教师做好教学研究有哪些基本要求？

◇总结教案，做好教历研究

教历是指教师教学的历程，是在教案基础上发展起来的更全面、更真实记录教师教学行踪的一种动态生成材料。教历既可供教师本人对教学过程进行反思，也可作为有效的教学研究的文本。

教历并无固定的格式，一般可包括以下四项内容：

①一般项目。

教师姓名、记录时间、科目与专题、任教班级、学生人数、记录所包含的时间跨度（一节课、一个教学单元、一个月、一学期）等。

②课前计划。

课堂教学之前的所有准备工作，主要是教师在分析学生水平、教材等教学资源和教师自身教学特点三方面的基础上所做的教学设计与准备。

③过程描述（课堂教学情况）。

课堂教学的全程记录，可供教师课后反思，或供其他参与教师分析思考。包括以下几方面内容：

过程实录。有详录与简录两种方式。详录：或对课堂教学过程录像后整理成实录，或请其他老师详细记录，也可通过回忆整理。详录虽然比较费时费力，但是由于客观完整地反映了教学过程，因而具有较高的研究价值。简录：主要记录实际教学过程与教案设计的差异，教学中的灵感与巧思。无论哪一种形式的过程实录都应关注学生的反应和教学的呈现方式，特别是与教学设计的预设不一致的地方，对特殊情况的处理等。

时间分配记录。即各环节实际所用的时间。

调整记录。教师根据教学进展的实际情况做出的临时改变，如对教学内容、教学方法、教学步骤等进行调整。

课堂管理与辅助教学行为记录。课堂管理（课章规划的拟定与执行、问题行为管理等）与辅助教学行为（师生交流、教师期望的表达等）对教学效果影响很大，但是这些行为往往很难在备课时做出确切的计划，采取什么措施很大程度上取决于课堂教学的情境与教师的智慧。

④教后反思。

教后反思是指课后教师以已完成的教学过程作为反思对象进行初步的分析，或通过某些途径获取来自他人的评价信息。教后反思可以是在教学中自己意识到的成功与不足、经验与教训，或是对某个问题特别关注，在教学过程中对这个问题有什么新的体会等。总之，通过多层面的反思，可使教学的成功与不足变得更为清晰，促进教师从切身体验中悟出道理。

反思不是目的，而是为了改进教学实践，促进教师的专业化发展。所有反思的内容将融入下一阶段的教学设计与课堂教学的实施之中。因此，教历的构成实际上是一个螺旋式加深的发展过程。

◇联系实际，做好校本研究

校本可以理解为以校为本。为本校发展而进行的研究活动叫作校本研究。进行校本研究的目的是解决本校的教学问题和教师队伍建设问题。因此，校本研究具有应用性、直接性和实践性的特点。

一般来讲，校本研究所选的课题是教学应用性课题，直接解决本校的教学问题。作为教学第一线的教师，在教学实践中具有丰富的教学经验、直接体验和课堂教学感悟，求真务实、注重实效研究和思考问题，因而研究的成果具有操作性的价值。

校本研究课题的研究时间和过程长短一般要依据研究进展情况而确定。研究过程一定要循序渐进，同时要依据实际条件的可行性确定适当的研究目标，并把总成果或最终成果分解为阶段性成果，要科学地把校本研究的若干步骤和阶段划分出来，主要应做好四个方面的工作：

其一，把所要研究的课题的切入点找出来，也就是研究的起点在哪里，然后将遇到的问题由易到难排序，确定解决问题的途径和方法，设想解决这些问题的不同主攻方向，并将寻求到的突破点作为阶段性成果，这样就能把研究过程划分为若干阶段，每一阶段都有具体的问题可研究和突破。

其二，在划分每一个阶段时，确定研究的具体途径、手段和方法，预估所用时间并拟订研究方式。在阶段性研究中，拟订的研究方案应具体，可行性强，便于操作。

其三，在研究过程中，做好研究记录和笔记。做校本应用性教学研究，对于发现的问题及变化的各种现象，以及对问题的分析、提炼的结果和收获等，哪怕是微不足道的，都要做好记录，并建立相关的研究档案，以严谨态度和科学精神来研究问题，优化研究过程。

其四，要确定和设计各种不同的研究活动形式。在课题组内加强研讨和交流。一般校本应用性课题研究的活动形式有阶段性主题研讨活动、座谈活动、读书和交流活动、请有关专家开展专题讲座的培训活动、组织研究课研讨活动、阶段性成果交流活动、教学论坛活动等多种形式。依据各阶段研究内容的不同，采用的活动方式应有所不同。

◇反思教学，做好评课研究

对于教师来说，反思教学是一种用来提高自己的专业素养、改进教育实践的学习方式。与一般的面向学生的教学方法不同，它不仅可以促进学生的学习与发展，也能全面促进教师素质的提高，使其成长为研究型教师，进而成长为专家型教师。从教师成长的角度看，反思教学是教师一种自我学习、自我提高的方式。如何推动教师的反思教学呢？最主要的途径就是评课。

评课，就是根据课程标准，对照课堂教学目标，对教师和学生在课堂教学中的活动以及由这些活动所引起的变化进行价值判断。评课也称课堂教学评价，它是教学评价的重要组成部分。客观、公正、科学地评价课堂教学，对探讨课堂教学规律、提高课堂教学效率、促进学生的全面发展和教师的专业成长有着十分重要的意义。

要评好课，应该把握以下六方面要求：

一是教学思想方面。从偏重少数尖子学生、忽视大多数学生，偏重知识灌输、忽视学生全面发展，偏重考试分数、忽视学生能力培养与学生特长发挥，偏重教师主导作用、忽视学生主体地位，向面向全体、全面发展、主动发展转变。

二是教学目标方面。从只注重基础知识与基本技能教学的单一目标向同时注重基础知识与基本技能、过程与方法、情感态度与价值观教学的三维目标转变。

三是教学内容方面。从"繁、难、偏、旧"和过于注重书本知识向"加强课程内容与学生生活以及现代社会和科技发展的联系"转变。

四是教学语言方面。从单一的口头语言向"恰当地使用情感语言、体态语言、板书语言、电教（电化教育）语言"转变。

五是教学形式方面。从传统单一的班级授课形式向"班级授课与分层教学、分组教学、个别化教学相结合"转变。

六是教学方式方面。从传统的"满堂灌""注入式"的教学方式向启发式、导学式、探究式、讲解式、讨论式、练习式、课题式、讲座式的教学方式转变。

◇求真务实，写好教研论文

教研论文有多种分类方式，一般可将将论文分为学术论文与研究报告两大类。

学术论文是指站在一定的教育理论的高度去观察分析学校教育教学领域内具有普遍学术价值的问题，在对这些问题进行探索思考后，采用思辨的方式将材料进行逻辑加工，形成能反映自己学术观点的文章。这种介绍作者新理念、新见解、新认识的文章称为学术论文。

在教研活动中为了检验某个教育理论或某个假设，进行相关的实践探索，在如实地描述与记录研究过程以及所获得的研究结果之后所形成的书面报告称为研究报告，包括观察报告、调查报告、实验报告、经验总结、个案研究报告和成果推广报告等多种形式。

撰写论文的基本程序是：拟订提纲—撰写初稿—反复修改。

拟订提纲十分关键。提纲既是为撰写论义搭建构架，也是未来论文的雏形。拟订提纲的过程实际上是对所从事的研究进行全面回顾与总结的过程，是以某一主线展开、组成一个具有内在逻辑关系的论述体系的过程，也是对文章的中心思想、主要观点、结构安排、文章层次、表达重点、材料取舍做整体思考、缜密安排的过程。总之，拟订提纲的过程是作者厘清自己思路的过程，思路不清，就不要急于动笔。

撰写初稿是撰写论文的中心工作。文章要有新意：提出新问题、发表新观点、使用新方法、采用新材料、转换新视角。论文要言之有理、言之有据。要重视材料的科学性、准确性、典型性与可靠性。

对于论文初稿必须反复修改。首先，审视论点表述是否正确、清楚；其次，核实论据是否恰当、充分，有没有代表性和典型性；第三，斟酌布局是否紧凑、合理，对于顺序颠倒、详略不当、层次不清、前后重复、缺乏条理性等问题，要做合理的调整与必要的修改；最后，推敲语言是否规范、精炼。修改时要逐字逐句，寻找最为合适的字词来表述内容，使文字通顺、流畅、准确。对标点也要细加斟酌。

修改论文最忌讳的就是作者对自己的文章内容难以割爱，明知是多余的，却不想删改。删改的目的是使论点更突出，论证更有力。初稿是作者精心书写出来的，要发现哪些地方不恰当并不容易。因此，不妨先把稿子放一段时间，待头脑冷静后再阅读，可能比较容易发现问题。

◇注重听课评课，向他人取经

听课与评课，是教师在日常教学活动中不可缺少的教研活动。大凡好教师和好校长都很重视听课、评课。通过听课，可以汲取别人的长处，弥补自己的短处，对提高自身教学能力、丰富教学手段、提升自己的教学魅力具有重大意义。为此，教师应该注重听课，在比较中求进步。这就要求教师做到以下七个方面：

①端正态度。听课一般包含两个目标：一是通过听课提高自己的教学能力；二是通过对课堂的点评，提高主讲教师的教学能力。可以说，听课的根本目的是使教师共同进步。所以，无论是老教师、新教师，骨干教师、非骨干教师，能力强的教师、能力不强的教师，都要抱着向别人学习的态度去听课，全身心投入，体验主讲教师的教学方法和艺术风格。任何应付、轻视甚至挑刺的行为都是不可取的。

②精心备课。有的教师可能产生疑惑：我去听课，又不是讲课，为什么要备课？是的，我们是去听课，但我们通过什么来评价主讲教师的课？通过

什么来比较自己的教学能力？主讲教师的教学、自己的教学应在哪些具体的地方进行改进？除了一般的评价标准外，我们只有通过精心备课，熟悉教学内容，才能有更深层次的认识和理解，才能对主讲教师的课提出中肯的建议和评价，才能反思自己的教学理念，找到可以借鉴的地方，才能从根本上提高自己的教学能力。所以我们要当自己是主讲教师，进行精心的备课。如果是听其他学科的课，或者时间不允许，虽不必精心备课，也要提前熟悉一下授课内容。

③了解听课情况。听课前，要适当了解主讲教师的性格特征、教学理念、教学风格、常用的教学方法、对教学的准备情况、师生关系等；了解学生的身心特点、知识储备、学习兴趣、学习态度、对主讲教师的看法、对将要上的这堂课的准备情况等；了解课的性质、班级人数、班级位置、听课人数等。任何方面的差异，都可能影响教学方法的选择、教学环节的设计、课堂进程的发展，更会影响我们对主讲教师的评价。

④调整、准备。听课前，一定要把自己的精神状态调整至最佳，做好充分的准备，选择好听课记录的方式方法，准备好做听课记录的工具，带好椅子（如果需要），提前几分钟到教室，选择好自己的位置，观察一下学生的课下状态，再次近距离了解学生的学习准备情况，以便对比其课上表现及行为等。这样在听课过程中才能做到有的放矢，确保自己获益更多。

⑤做好听课记录。上课铃声响过之后，就进入了紧张的听课过程，在这期间，要全身心投入，边听边记，边听边想，随时写出简评。要全面捕捉课堂各方面的信息，记录越详细越好。因为需要记录的东西太多，要想全面记录困难较大，可以采用一些简写符号，也可以几个教师分工，各自做好某一方面的记录。

⑥评价交流。听完课后，听课教师和主讲教师要及时交流，听课教师就听课的感受和对本次课的评价与主讲教师积极沟通，就相关问题询问主

讲教师，如教案设计理念、设计思路、备课中的困惑和灵感、自己对本节课的认识和体会等。在此过程中，听课教师与主讲教师都要积极发言，表达自己的观点，注意就此做好记录，最后形成一个关于此次听课的书面文件，以便日后查阅。这是集多人智慧和经验，达到共同提高的关键一步。

⑦整理反思。做完以上事情后，自己就要静下心来，拿出自己的备课记录、听课记录、评价交流记录等材料，对材料进行翔实的整理、分析，结合自己的日常教学经验进行深入的思考，找到自己应该改进的地方，比较、反思……综合本节课的理论和实践经验，完善自己的教学实践。

第四章

教师课堂教学的礼仪

　　课堂教学礼仪是教师礼仪的核心内容。它是教学活动的组成部分，是教师进行教书育人的重要辅助手段。教师在课堂上的言行举止对学生起着示范和潜移默化的作用。学生在学校活动中，课堂是其接受知识技能、开阔视野、传承文化、收获精神财富的最主要的场所。因此，教师以浓厚的思想感情、庄重大方的仪表、和蔼可亲的仪容、彬彬有礼的语言给学生做示范，会潜移默化地影响学生，以至终身。

15

教师组织课堂教学有哪些基本要求？

组织教学是指在课堂教学中，教师组织管理班级纪律，建立和谐的教学环境，指导学生进行学习的行为方式。组织教学是课堂教学的重要组成部分，它贯穿整个教学过程的始终，是一堂课顺利进行的保证，并直接影响到教学效果的好坏。

那么，教师怎样才能组织好课堂教学呢？具体可以参考以下几点建议。

◇ 明确教学目的

一节课的教学目的是上课的出发点。课堂上的一切活动都要围绕实现教学目的而进行。教学目的包括知识、能力、情感态度、价值观几个方面。一节课要完成什么教学任务，达到什么教学目的，都必须明确、具体，不可笼统、流于形式。并且，教师应该用适当的方式让学生明白这些，从而使学生主动地与教师配合，保证教学目的的实现。

◇ 正确应用教材

教师既要把握教材的重点、难点和关键，又要兼顾教材的系统性，注意新旧知识的联系，注意理论与实际相结合，注意教材与学生实际相结合。

◇ 选择课型和教学方法

根据教学目的、教学任务、教材内容和学生的特点，教师可以选择授新课、上复习课还是上练习课，还要考虑选取与课型相适应的教学方法。但无论选用哪种课型和教学方法都应贯彻启发式原则，调动学生学习的积极性。要精讲精练，让学生有更多的动脑动手的机会。

◇ 发挥教学的集体性和每个学生的独立性

教师上课时，既要照顾全体学生的学习能力，又要注意培养个别冒尖人才，既有整体利益，又有个别突出。

◇ 讲究课堂教学艺术

教师在课堂教学中要努力做到如下几点：一是要注意常规训练，有驾驭课堂教学活动的能力；二是应注意课堂上每个学生的动向，掌握学生心理活动的规律；三是应尝试创造性地运用教学方法，启发学生积极思维，提高教学效果。

16

教师如何有效地管理课堂？

◇ **建立课堂规范**

　　课堂是进行教学的场所，为了保证教学活动有条不紊地进行，必须有一个统一的、固定化的课堂规范。

　　"没有规矩，不成方圆。"这句话在生活中适用，在课堂教学过程中同样适用。课堂要立规矩，实际上就是课堂要有纪律。有的新教师对课堂教学进行了精心设计，花费了很多心血，却因忽略了课堂纪律而导致整个课堂教学效果不甚理想，实在是可惜。

　　在教学时，教师不但要精心备课，还要设想可能会出现的各种各样突发情况，提前做好准备，给课堂一个必要的规范，以确保成功而有效地教学。

　　课堂规范应是课堂管理的依据，要结合本班情况制定班级学习制度、纪律要求等，有了目标，学生的自我约束才有方向，自我管理才有章可循。课堂规范一旦形成，就对集体成员产生了普遍的约束力，但学生只有在清楚理解这些规范的基础上，才会自觉地遵守规范。因此，从学生入学时起，教师就应让其了解课堂规范及其必要性，使学生在正确认识的基础上逐渐形成符合规范的行为习惯。学生不仅可用规范来约束自己的行为，另一方面，还可用规范来评价别人的言行，通过班级舆论来纠正偏离规范的不良行为。教师在评价学生言行时也应以课堂规范为判断标准，一旦出现违纪行为，处理也会有章可循。积极、正向、有序的规则，会使学生之间目标一致，形成愉快和谐的课堂气氛，从而促进学生形成良好的课堂行为，激发学生的成就动机和进取心。

合理的规范是维护课堂秩序的前提。没有课堂秩序的班级会陷入混乱状态，教学质量和教学效果就无从谈起，因而教师在课堂上有维护课堂秩序的任务。

教师要建立完善的课堂规范，从而有效地把学生的注意力吸引到学习上来，把花费在维持纪律上的时间减到最少，减少从一种活动转移到另一种活动的时间损耗。良好的课堂秩序能增加学生学习的时间，教学的效率也会大大提高。

◇ 控制课堂节奏

一堂课能够有条不紊地进行下去，需要教师的控制，特别是控制好课堂节奏。

教师的控制使课堂教学目标指向明确。课堂教学中，教学的进程是动态的，诸多变量和波折甚至是无法预期的。我们经常看到，课堂上教师被动跟进出乎意料的变化。这样一来，学生的主体地位是体现出来了，教师却变成了教学的附庸。教师的控制使教学目标明确，教学活动围绕既定的目标进行，防止在枝节上不由自主地越走越远。有的教师的课堂看似呈现"无为而治"的状态，其实也是教师控制的结果。

一节课的时间是有限的，十分宝贵，那么教师该如何提高课堂教学时间的利用率呢？

根据学生的学习心理、记忆规律，以及优秀教师的经验，一节课的时间大致可以安排如下：

①课端（约5分钟）。由于学生刚结束课前或课间活动，思想和情绪

还未恢复平静，他们所想的还是课前或课间的活动内容，所以，这段时间里教师不宜立即讲新课，而应安排一些能够使学生的情绪尽快平静下来、注意力尽快集中起来的活动，如安排"预习检查，新课导学"等。

②课中（约25分钟）。这是学生掌握知识的最佳时间段。在这段时间里，又有一个黄金时间段（即从开始上课的第6分钟至第20分钟），这时学生的精力最充沛，注意力最集中，思维最敏捷。在这段宝贵的时间里，师生要共同把握课堂教学的第一次高潮，要高度集中注意力，共同学习知识重点，突破知识难点，解决教学中的关键问题。这时教学节奏感要强，教学容量可以稍大一些，可以安排"自学展示，师生精讲"等。

③课末（约15分钟）。在这段时间里，不少学生的注意力开始不自觉地转移，有的与同学讲话，有的做小动作，有的想课前课后的事情。所以，在这段时间里，教师要创设课堂教学的第二次高潮，不宜继续讲课，而应安排一些让学生动眼、动口、动脑、动手的活动，如安排"精练反馈，评价小结"等。

在课堂上，教师要让学生每一分钟都有事情做，每一分钟都有所得。若每节课浪费5分钟，一个星期下来就要浪费175分钟，一个学期下来就要浪费约60小时，即约80节课的时间，那是很惊人的数字。

另外，在有限的课堂教学时间内，只有限制教师"讲"的时间，才能保障学生"学"的时间。要求教师讲得少，教师就会想办法做到讲得精、讲到点子上；只有教师讲得少，学生才能读得多、练得多、学得多。

17

教师如何让课堂教学严肃而不失活泼？

众所周知，课堂 45 分钟的时间是十分有限的，经不起一点儿浪费，况且，一堂课的教学应该是一个完整的流程。不难想象，老师讲了一半的课，忽然插上一段纪律教育将会是一堂怎样的课。

教师在课堂管理上，要准确把握好严格与宽松之间的度，使课堂教学能够收到良好的效果。这需要教师掌握以下五个方面的技巧。

◇ 让语言更有吸引力

教师上课时说话要像唱歌一样悦耳，抑扬顿挫，尤其当教师讲课本的重点或关键词语时，应该把语速放慢，声音提高，必要时重复说两遍以上。比如，小学生比较欠缺的是组织能力、判断能力及整合能力，所以上课时教师多半要帮他们理出头绪，才能提高教学效果。倘若教师整节课一直讲到底，学生怎能不走神呢？

◇ 要略施技巧来控制秩序

当课堂秩序混乱时，有的教师敲打黑板以示警告，有的大声吼叫"安静，不要再讲话"。前者破坏学习的气氛，降低学生的学习积极性；后者制造更大的噪声，学生也未必听得进去。此时，倒不如停止教学行为，学生发现老师忽然停下，必定会好奇，渐渐也就安静下来了。等学生安静下来后，再进行教学。

◇ 课堂应留有空白

教师的课堂时间不要排得太满，应留点儿空白时间，师生双方才有回旋的空间。上课铃响，老师一进教室，不要马上讲课，因为学生下课10分钟，也许跑出了一身汗，也许冰棒吃了一半，也许上厕所才走出来，几乎都没有心理准备要上课。老师可以视情况腾出一点儿时间，让学生自行处理未完成的事，如先吃完冰棒、擦干汗水、整理桌面，然后再上课。下课之前也要预留几分钟让学生发问，没有问题时，可以要求学生闭起眼睛，老师帮他们整理这节课的教学重点。不要一讲就停不下来，连下课的时间都不放过，这样会引起学生的反感甚至抗拒学习。

◇ 当学生有状况时，一定要用愉快、尊重的方式替他解除

课堂上，遇到学生打瞌睡时，停止上课，带学生做个简单的游戏或唱首歌，等学生精神来了再继续上；当学生分心时，教师可以不着痕迹地走到他身边讲课，偶尔点名要他回答一些问题，但不是要难倒他或让他出丑，是要帮助他把心收回来；当学生听不懂时，教师要善用举例等方式，力求使学生弄清楚、听明白。有人曾经做过观察，发现教师在课堂上纠正学生犯规行为的时间，远比上课时间还多，这是值得我们警惕的地方。学习本就是一件辛苦的事，倘若再加上压力和不愉快的气氛，学习效果会好吗？

◇ 善用多媒体

曾经有人说："教室像电影院多好。"现在科技取得极大进步，教室里常备计算机、投影仪、电视机等各种设备，功能已经远超电影院。可是

光有这些科技产品，教师不会用也不行；教师会用，还要用得恰当。不少教师在教室里播放影片来打发时间，纯属娱乐行为，没有发挥教学的功能。倘若教师在放映影片给学生观赏之前，能从影片中提炼出几个问题写在黑板上，加强学生的注意力，刺激学生思考，将对教学有很大帮助。

18

教师如何调动学生的学习热情？

◇ **激发学生的学习兴趣**

俄国教育家乌申斯基认为："没有丝毫兴趣的强制性学习将会扼杀学生探求真理的欲望。"学习兴趣是学生学习自觉性和积极性的核心因素，是推动学习的强化因素。研究结果表明，学生的学习兴趣和学习成绩、学习信心常常成正比，三者相互促进，相辅相成。

当学生对学习产生兴趣时，总是积极主动学习，乐此不疲。因而，如果教师能激起学生浓厚的学习兴趣，以趣激疑，以趣激思，那么，课堂教学的主动权将牢牢地掌握在教师手中。

好奇心是学生产生学习兴趣的内因之一。教师揭示知识中的新异之处，可使学生猎奇喜新的心理转化为学习兴趣和求知欲望。在教学中，教师要善于挖掘教材内在的吸引力，或以生动形象的语言，向学生描述绚丽多姿的事物和现象；或采用直观手段，在学生面前展示无奇不有的大千世界；或创造地理意境，把学生带入"想象的王国"中探索，以满足学生的心理需求，激发学生的学习兴趣。同时，要注意不能停留在走马观花、浮光掠影的浅表，而应引导学生对事物的现象和本质加以分析比较。揭示其间的共性与差异，进而探索其所以然，深化学生的学习兴趣。教学中也可适当联系科学的新资料、新发现、新理论、新问题，使学生产生耳目一新之感，从而提高学生的学习兴趣。

在教学中，学生因教师声情并茂的形象讲解带来的情趣，事理充实的严密论证产生的理趣，诙谐幽默的生动阐释形成的谐趣，既可以激发他们的学习兴趣，启迪思维，又能使师生之间的感情得到充分的交流，使课堂气氛处在教师的控制之中。

◇ **对学生进行启发式教学**

启发，是一种教育智慧，是一种容易为学生所接受的教育艺术。所谓启发教学，是指教师在课堂上既引导学生提出问题，又引导学生去思考如何解决问题。

掌握启发式教学艺术的教师，通常都是温和的，他们不喜欢强迫学生，不喜欢把自己的意识、思想强加给学生，因为他们明白"强扭的瓜不甜"。所以，在教学中，好教师更愿意通过启发、诱导，让学生自己去学习，自己去探索新知。

启发式教学的最大特点是"启发疏导，循循善诱"。换句话说，启迪学生思维，培养学生的思维能力，是启发式教学的最大教学意义。

思维从疑问开始。教学过程就是一个不断提出问题、分析问题再解决问题的动态思维过程。在讲课的过程中，教师要有意识地提出一些现象或问题，诱发学生主动思考。当然，问题并不要求学生站起来回答，教师可以从学生的表情中猜测他们的想法，然后再根据同学们的疑问讲下去，一层一层地把问题解决掉。这样，学生在听课过程中就进行了主动思考，他们会将自己想的和教师讲的进行比较，从而对问题的理解会格外深入，这比平铺直叙讲述的效果要好得多。

当教师的语言中既包含着一定"份额"的已知知识，又包含一定"份额"的未知知识时，建立在思维本质上的那种稳定的兴趣就会被激发出来。

如果教师的讲解或提问太深太难，就会使学生感觉困难重重、无能为力，久而久之就会情感压抑、思维凝固；反之，如果教师的讲解或提问太肤浅，学生感觉淡然无味，就会产生轻视情绪，思想懈怠。因此，教师的提问要促进学生思维的活跃、知识的内化和智能的开发。

当学生在教师的启发下，对自己悟出的道理、探求的规律感到激动和惊奇，并为自己的认知和发现骄傲不已时，他们就体验到了创造性思维的乐趣。

◇ 引导学生掌握科学的学习方法

好教师要把"授人以鱼，不如授之以渔"的观念融入具体的教学实践中，通过对每一章的整体框架、线索的整理，揭示出各细节之间的联系。同时，通过与学生的互动将宏观把握知识结构的方法和能力传授给学生，使学生在没有专业老师的指导下，也能有效、快速地学习新知识。

知识是可以花时间去积累的，好教师注重的不是知识的多或少，而是学习的方法。帮助学生培养自学意识，培养学生获取和利用多样化的学习资源的能力，培养学生对知识追求的兴趣。只有如此，学生才能发挥自己的特长，熟练运用各种知识去解决世界千变万化的实际问题。

这个问题主要反映在两个方面。一方面教师通过备课、板书和讲述使学生很快体会到同样是一本书，通过教师的讲解就能把书里的内容分解得清清楚楚。听完课后，再去看相同内容的教材，立即会有醍醐灌顶之感，这能够潜移默化地培养学习能力和学习方法。另一方面，教师可以直接指导学生如何来提高他们的自学能力和分析能力。

教师讲课是一种输出，学生听课是一种接受，究竟效果如何呢？好教师应从反馈中不断提高自己的讲课水平。平时在课堂上要注意观察学生的表情，以此来掌握学生的接受程度。此外，还可通过作业、答疑、小测验，甚至与学生聊天等各种渠道及时了解学生的疑惑，引入激发学生思考的问题，及时调整讲课的进度，总结如何用最贴切的语言讲述问题。

19

教师在课堂上如何保持良好的教学状态？

　　教师的情绪直接影响着学生的情绪，学生学习情绪的高低，课堂气氛活跃不活跃，很多时候是与教师的情绪同步的。因此，教师在课堂教学中，要注意将自己的情绪调整到最佳状态。

　　首先，教师在课堂上始终都应该情绪饱满，精神抖擞，对上好课充满信心。这样，学生就会潜移默化地受到教师这种激情的感染，从而精神振奋，情绪高涨。如果教师上课无精打采，情绪低落，两眼无神，那么学生也会情绪低落，甚至睡眼蒙眬，对于教师的讲授听而不闻。

　　其次，教师在讲解不同的教材内容时，应该表现出不同的神情。如地理教师可以用自豪洒脱的神情讲祖国的风景秀丽、资源丰富；用严肃忧虑的神情讲当前面临的环境等问题；用充满信心的神情讲祖国未来的前景；等等。这样，学生就会情不自禁地与教师的情绪状态产生共鸣，达到“未成曲调先有情”的境界。教师上课时进入“角色”，以饱满的、愉快的、积极的情绪投入教学，不仅可以为学生创设一种良好的学习情境，而且能使学生受到教师情绪的感染，全身心投入学习。整个课堂教学处在教师积极主动的情绪调控之中。

　　那么，教师该如何在课堂上保持良好的教学状态呢？下面是几种较为有效的方法。

◇ **整理心情，然后再进课堂**

一般情况下，人们对自己的消极情绪的出现是能够觉察到的。教师如果发现自己的情绪不好，就应适时地加以调整，不要让消极情绪再继续下去。教师可以选择静静地坐下来，想一些开心的事情，转移一下自己的注意力，调整好自己的情绪后，再进入课堂。

◇ **带表情诵读**

诵读是进行语文、外语等科目教学时最常用也是最重要的手段，而声情并茂地朗读能很好地调动学生的情绪，把课堂气氛引向高潮。

在课文中，每一段文字，甚至每一句话，都蕴含着作者丰富的情感。甚至同样一句话，在不同的地方出现，也会表达不同的意思。所以，教师要想调动学生的情绪，就必须在读或者教学生读这些文字时，根据文字描述的内容，不时地变换情感。

◇ **课堂中的辩论、争论**

这是一种非常有效的刺激学生学习热情的方法，因为这种方式能激发学生的"斗志"，调动他们的竞争热情。所以在教学中，教师可以设置一些值得争论的话题或环节，让学生在辩论中调动情绪，学习知识。

◇ **使用手势**

手势在教学中的作用，犹如其在演讲中的意义，其鼓动性可以让学生心潮起伏、激情澎湃。

◇ **用激情导入正题**

激情型的教师是最富感染力的，他们对教育事业、对学生的激情，"迫使"他们无时无刻不在寻找可以调动学生情绪的教学方法,使课堂高潮迭起,让学生在情绪高昂的状态下掌握知识,加深记忆。同时,教师也不应忽视激情的度。在教学中,教师的激情不是声嘶力竭的叫喊,不是矫揉造作的表演,而应是一种真实、由衷的情感流露与释放。教师一定要充分运用各种方式调动学生的激情,优化教学效果。

20

教师如何设计有效合理的板书?

板书是一门艺术,有效、合理地设计板书能够给学生展现思维的过程,有利于培养学生的整体感知能力和概括能力。

那么,怎样设计一堂课的板书才是有效合理的呢?

◇ 板书内容要精选

教学内容丰富,但黑板面积有限,一节课什么内容需要写到黑板上是大有讲究的。因此,板书应该是教学内容的高度概括和精华浓缩,学生课后利用黑板上的内容就可以提纲挈领地对本节课所学内容进行归纳小结,提炼具体知识点。

◇ 板书的形式要优选

一位老师列举了以下七种常见的板书设计形式,可供参考:

①纲目式板书。它以文字表达为主,把教材内容纲目化。这是应用得最为普遍的一种板书形式。

②表格式板书。这是一种用表格组成的、以文字表述为主的板书形式。这也是为广大教师所常用的一种板书形式,最适合用于对两种或两种以上的事物在分布、特征、规律、成因、作用等方面进行分类对比。

③线索式板书。采用线索式板书可以把教师的教学思路有条不紊地展示在学生面前，有助于学生理解课文的内容和形式，便于学生学习、理解和记忆。

④结构式板书。这是一种体现问题的构成和内在联系的板书形式。它能把比较抽象的知识具体化，具有一定的直观性。

⑤联系式板书。这是一种为突出各种事物和要素之间的相互联系及因果关系而设计的条理清楚、层次分明的板书形式。它具有概括性强、逻辑性强、直观的特点。

⑥图文式板书。即图文并茂的板书形式。在黑板上画幅简图，配上图题、图例、图注等，使板书更为具体、直观、形象生动。

⑦填空式板书。这是根据教学内容的特点，设计成先预留空位，再填空完成教学内容的板书形式。填空式板书可以使知识习题化，具有学练结合的特点。

在课堂教学中具体运用哪种板书形式，要根据教学的内容、学生的学习状态和教师的特长来决定。

◇ 板书的位置要慎选

设计板书如同报纸排版，要力争布局合理，不可随意书写，杂乱无章。如果书写内容少而精，为了醒目，可在黑板中心布局。如果书写内容较多，则需要整体规划，统筹安排。通常将板面分成标题区、推演区、绘图区、便写区等若干区域。在每个区域按照由上至下、由左至右的一般原则来设计相关的文字和图像。

◇ 板书的色彩要巧选

黑板上所写内容要有主次之分，这样有利于学生把握重点，便于理解和记忆。主次关系除了在位置安排上要有区别外，用不同颜色的粉笔来书写更能收到良好的视觉效果。

◇ 书写要工整规范

如果教师平时总保持一种认真、严谨、求实、创新的态度和作风，那么学生也会受到潜移默化的影响和熏陶。要想让板书对学生产生积极的影响，要想充分发挥其德育功能，那就必须把板书书写工整、规范。

21

板书设计有哪些禁忌？

教师在进行板书设计时，应注意以下禁忌。

◇ 忌随心所欲

随心所欲式的板书缺乏计划性，很难准确地把教学内容的内在逻辑结构、教学重点和难点等完整地表现出来，所以，教师在备课时就要考虑怎样使板书发挥出最佳效用。板书上该写什么、写在什么地方、哪些内容要一直保留、哪些内容可以随写随擦、哪些内容用彩色粉笔突出等细节性问题，教师都要提前设计好。

◇ 忌凌乱不堪

板书应该条理清晰、一目了然，切忌凌乱不堪、毫无章法。有的教师不注意同级标题位置的对应，各级标题的使用不加区分，让人看了没有头绪，理不清思路；有的教师，写字龙飞凤舞，难以辨认；有的教师作图不规范，直线歪歪扭扭，抛物线类似齿轮；等等。这样的板书给人的感觉很乱，缺乏条理性。

◇ **忌速度过慢**

书写过慢会占用教师讲课的时间，影响教学效果。学生可能在教师写板书时"闲着无聊"，甚至"无事生非"。所以教师书写板书时，要在确保字迹工整、清晰的前提下尽量加快速度，不能把板书当作书法作品，过分精益求精。

◇ **忌内容繁多**

板书是为讲授服务的，板书内容过多，必然导致教学内容主次不分，教学重点、难点很难在板书中突显出来。相反，有些不该强化的地方却被强化了。所以板书要突出重点，内容要少而精。

◇ **忌华而不实**

板书的形式美要以服务教学内容为前提。不能为形式而形式，为美观而美观。与教学内容毫无关系的形式美只能起到分散学生注意力的作用。

◇ **忌写错字、别字**

板书内容中最容易出现的错误就是错字、别字和笔顺的错误，这要引起教师的高度注意，因为这不仅体现了教师自身的学识和教学水平，还会影响学生的学习，甚至做人的态度。

22

教师的教学语言有哪些基本要求？

教学语言是教师表达思想、教授知识、传播文明、启迪学生智慧、塑造学生心灵的最基本的工具和最主要的桥梁。师生在教与学之间，信息的相互传递，多数是以语言为中介进行的。苏联教育家苏霍姆林斯基说过："教师的语言修养在极大程度上决定着学生在课堂上脑力劳动的效率。"教师要自觉培养文明修养，注重自己的礼貌谈吐，遵守语言的规范性，掌握语言的使用方法，讲究语言的艺术性，准确表达授课内容，唤起学生的求知欲，从而充分发挥语言的作用。

◇ 教学语言要简明、扼要、直观

由于受到时间、空间和教学内容的制约，教师课堂语言要做到简明扼要、表达准确，应避免冗长、任意延伸。简洁的课堂语言，有利于讲清教学重点，突破教学难点，增加课时应有的容量，提高教学效益。教师在课堂讲授时，叙述要中心明确、有的放矢、有层次、有重点，用简洁的语言传达丰富的信息。课堂语言中，那种累赘重复的叙述，东拉西扯的引证，纷繁琐碎的举例说明，不仅会使学生把握不住知识的要点，理不清教师讲课内容的主次脉络，而且会使学生感到乏味，以致听课走神。

那种繁杂冗长、拖泥带水、反反复复的说教，是最令学生讨厌的。同样是讲氧化物的概念，一位教师说："氧化物是由两种元素组成的化合物，其中一种是氧元素。"另一位教师说："氧和另一种元素组成的化合物叫氧化物。"显然，后者的表述要精练得多。课堂里如果充斥着过多繁杂无用的语言，必然会导致教学效率的低下和学生学习负担的增加。所以，教师的每一句话、每一个词都要围绕教学内容展开。在有限的课堂时间里，教师应该努力提高自己语言的密度和精度，用精练的语言表达丰富的内容。一些优秀教师讲课往往都是一语中的，毫不堆砌辞藻。口头语言的简洁性要求教师做到以下几点：首先，注意锤炼字、词、句。其次，认真研读教材。因为只有对自己非常熟悉的内容，才能做到恰当概括，也才能使自己的语言简洁明了。实践经验告诉我们，备课不充分时，教师的语言往往是语无伦次、杂乱无章的。最后，尽量避免口头禅。口头禅的出现会使原本简洁的语言繁复啰唆，影响语言质量，延长说话时间。教学语言的简洁性还要求教师的某些语言应该定型，如果是需要重复的语句，如一些定义、定理、结论等，前后讲解应该一致，这样才便于学生理解、做笔记，便于学生记忆，否则就容易引起学生理解上的混乱。

◇ 教学语言要生动活泼，讲究艺术性

生动活泼的语言是课堂的润滑剂。这样既容易实现对课堂的有效控制，也能以一种积极、乐观的态度营造一种良好的教学氛围。

教师的教学语言要充分考虑到学生年龄特征，结合学科的知识特点，设疑激趣，扣人心弦。采用学生易于接受的语言进行教学，深入浅出，明白流畅。要生动形象，富有引导性，使学生如闻其声，如见其形，如临其境。力求使抽象的概念具体化，深奥的道理形象化，枯燥的知识趣味化。教师要广采博闻，激发学生的学习兴趣，消除教学中师生的疲劳感，活跃课堂气氛。使学生感到学习新奇有趣，知识易于理解。

无数成功优秀教师的教学实践证明，生动活泼、幽默形象、耐人寻味、富有情趣的语言，是最能调动学生学习积极性、启迪学生智慧的，而那些老生常谈的套话，八股式的陈词旧语，单调呆板、枯燥乏味的讲解不仅会抑制学生的学习兴趣，扼杀学生的才能，甚至也会影响到教师自身的教学情绪，在师生之间形成恶性循环。

◇ 教学语言要幽默风趣，体现智慧

幽默是人类智慧火花的闪现，它通过语言、表情、动作形式表现出来，能达到愉悦身心、启迪心智的效果。一定的幽默感和教学中的机智行为是调动学生情绪状态不可缺少的有效方法。教师把幽默运用在教学中，能让学生在娱乐、轻松的同时，接受深刻的教育。

教师的幽默会拉近师生的距离，解除尴尬的气氛，令学生对所学知识记忆深刻；能使学生形成幽默品质，养成乐观豁达的气度和积极进取的精神；可以鼓舞学生的勇气，调动学生学习的兴趣和积极性；可以抚慰学生心灵的创伤，使学生智慧之火重新燃烧起来。教师的幽默富有感染性和迁移性，有利于沟通师生之间的情感，建立良好的师生关系。

幽默是一种教育艺术，却不是教师们想幽默就能幽默得起来的。它需要经过特殊的训练和学习才能灵活运用。那么，教师怎样才能培养自己的幽默感，成为教学中的"幽默大师"呢？

①积极积累、收集幽默素材和作品。

笑话、寓言、童话、民间故事、俗语、歇后语等，都是幽默教学的素材。积累多了，熟能生巧，就会自然而然地培养出幽默细胞，需要时，教师就可以信手拈来，给学生幽默一把。

②培养幽默性格。

严肃的老师、内向的老师就不太容易"放下架子"，所以，教师要想

培养自身的幽默感，一定要有一个良好的心态，对一切都持乐观、开朗的态度。

③提升幽默技巧。

一是把握幽默的过程。通常，效果明显的幽默，大致可以分为四步：一要制造悬念，二要渲染气氛，三要反接，四要突变。也就是说，幽默的语言一定要有悬念，不能一下子点破，那样就起不到幽默的效果了；其次，还要懂得渲染气氛，将听众引入"歧途"，让听者在短时间内不明就里；再次，就是要会反接，即运用反向思维，把谜底揭晓；最后，把出人意料的结果呈现出来。

二是把握时机。幽默不能急于求成，不能迫不及待地把妙趣说出来，这样可能会因为铺垫不够，火候不到，失去幽默感。幽默应该不疾不徐，让学生对结果有个错误的预期，给他们一个缓冲期，然后再一语道破。但是也不要太慢，否则学生可能会忘记自己的期待。

三是会灵活运用修辞方法。幽默的艺术可以由多种方式来表现，选择恰当的方式，才能达到最佳的教育效果。

④注意感情。

虽然幽默是轻松、活泼的，但是仍然要注意不能伤害学生的自尊心，不要用幽默挖苦、讽刺学生。

总而言之，幽默是一种效果非凡的助学剂。如果教师能在教学中善加运用，必定能使自己的教学效果更上一层楼，让学生在愉悦的氛围中，轻松地掌握更多的知识。

◇**教学语言要发音准确、语句流畅**

教师在使用教学语言去表达概念，阐述定理公式，进行分析综合、推理判断时，要使语言具有科学性，周到严密、含义准确、措辞精当、不生歧义，应使用标准的普通话，发音吐字要清楚，遣词造句要讲究语法，叙事述理要符合逻辑，使学生得到清晰准确的认识，这样才能达到教学目的。课堂上最忌讳拖泥带水、重复啰唆，使教者劳心劳力而无功，学者心烦意乱而无获，甚至导致学生对这门课程产生厌烦的情绪，直接影响教育教学效果。

①发音准确清晰。教师的口头语言必须做到语音清晰、字正腔圆。只有这样，才能让学生听懂，才能有效地指导学生进行学习。口齿清楚，主要是指发音准确，吐字清晰。要有意识地练习控制发音器官，使其灵活自如，发出的声音清晰、准确。要将每个字、每句话都真真切切地送到学生耳朵里。

②音质悦耳。好的音质甜润清亮、优美，悦耳爽心，对思想情感的表达有很大的作用，能增强感染力。教师在掌握正确的发音方法的基础上，进行刻苦的训练，完全可以改进自己的音质。

③音量大小适中。教师说话的音量大小应该根据教室的大小、学生的多少、有无扩音设备和周围环境是否嘈杂来决定。教师要根据这些外在的条件灵活调节自己的音量。声音太大，让人感觉像吵架，学生听着难受，教师的嗓子也受不了；声音太小，像蜜蜂嗡嗡，学生听不清楚，注意力就不会集中，也必然学不好。音量大小的最佳的标准是能够让后排学生听清楚、听得不费力，而前排的同学不觉得声音太大、太刺耳。

④语句通顺流畅。语言的流畅是保证学生准确理解定义、掌握知识的一个前提条件。教师口语一般不能出现较大的停顿、迟滞。教师讲课时吞吞吐吐、口头禅接二连三等现象对于学生理解教材有害无益。究其原因，主要是由教师思维不通畅造成的。

为了使课堂语言连贯，教师应该尽量使用短句。口头语言不像书面语言那样有思考斟酌的余地，若使用太长的复句，容易出现成分短缺、逻辑不通等现象。

◇教学语言的语速要平和适中，语调抑扬顿挫

语言的生动常常是依赖语音的变化而实现的。语音的变化主要是声调、语调、语速和音量。这些要素的变化控制得好，会为语言增光添彩，产生迷人的魅力。

①语速要缓慢适中，不能太快。教师的语速应快慢适度。人的听力有一定的承载量，如果教师说话太快，学生会跟不上教学进度，来不及思考。教师过快的语速对于讲授知识和传递信息都有不利，会使学生产生紧张、混乱的情绪，很难完成教学任务，师生间的互动交流就更无从谈起。但同时，教师的语速也不能过慢，若教师说话速度太慢，则会导致教学信息量太小，影响教学进度和质量。所以教师的语速应该快慢适中。因此，教师在讲话时要综合把握，以达到最佳的效果。

②语调要柔韧平和，抑扬顿挫。在公共场合不能高声喧哗是一种基本礼貌，尤其是中小学教师，面对受教育对象时，更需要耐心亲和的语气，切忌尖锐、高亢、嘶喊。教师从所表达的内容出发，运用高低变化、自然合适的语调，可以大大加强口头语言表达的生动性。教师要根据教材内容适当变换语调，或高昂，或低沉，恰当停顿，使语言节奏抑扬顿挫、波澜起伏，从而大大提高语言的表现力。但是，教师也不能矫枉过正，那种忽高忽低、忽急忽慢、一惊一乍式的语调变化也是不可行的。

"言为心声"，有声语言的传播是课堂教学的主要形式，而语言也是最有利于表达情感的媒介。如果教师的授课被评价为没有激情，多半是因为语调太平淡了，在讲课时总是一个腔调、一个语速。这样的教学语言很容易成为学生的催眠曲。所以，教师应该从学习朗诵入手，提高语言表达的感染力。

23

教师课堂提问应讲究哪些礼仪？

课堂提问是教学中测试学生知识掌握情况的最常用的手段，它不仅可以用来及时检查学情，开拓学生思路，还有助于发挥教师的主导作用，调节教学进程，活跃课堂气氛。

教师在课堂上指导学生进行探究活动，常常会使用不同的问题启发学生的思考，问题起着重要的穿针引线的作用。教师提出什么样的问题，意味着学生会有选择地注意某一方面的信息。

教学过程中，教师不断地提出问题，启发学生思考问题、解决问题，这是启发式教学常用的一种方法。具体来说，教师要把握以下要点。

◇ 提问的目标要明确，难度要适宜

教师设计课堂提问要有明确的目标性，即扣紧目标设计问题。问题是教学目标的具体化，问题的设计必须紧扣本节课的教学目标，围绕教学内容的重点和难点以及学生原有的认知结构。教师应精挑细选所提问题，使之切中学生的疑惑之处，并设置悬念，启发学生思维，学生需要调动已学过的知识，并且重新构建自己的知识结构，还需要合作学习、交流，才能解决这个问题。教师应引领学生不断地思考和学习，而不应偏离教学目标提出一些又偏又怪的问题，也不应为了提问而提问，要注意克服课堂提问的随意性。

教师设计课堂提问要能激发学生积极思维。过深、过难的问题，学生站起来一大片，谁也回答不了，最后只好由教师自问自答，这样的提问没有实际效果。过浅、过易的问题，学生不假思索即能对答如流，不仅无助于思维能力的锻炼，而且在看似热闹的背后，会养成浅尝辄止的不良习惯。因此课堂提问既不能让学生觉得高不可攀，也不能让学生觉得唾手可得，而应该让学生"跳一跳，够得着"——要给学生思考的时间和空间，向学生的智力和创新能力提出挑战。要让学生感觉问题很熟悉，运用已有的知识和经验又无法解决，必须重新调整思考角度。由此可见，教师提出的问题要难度适宜，需要学生探讨协商，再加上教师的启发、点拨、提示，最后才能完成对这一问题的认识。

◇ 提问的机会要均等，对象要随机

教师提问的机会要平均分配于全班学生，不要只向少数课堂表现积极的学生发问。对于不同的对象，提出的问题也可有所差别。优秀生的思维相对活跃，可以向优秀生多提一些难度相对较高的和需要快速做出反应的问题。中等生知识素质、能力基础"比上不足，比下有余"，可以向他们多提一些相对适中的、利于提高其自觉参与意识的问题，从而促进其全面发展。对于较差的学生，教师提问时要注意同时提问成绩反差较大的两个或两个以上的学生，教师要求成绩较差的学生做主要回答，成绩好的学生做补充回答，教师自己做修正性回答。这种方式具有示范效应，能促进后进学生的热情，调动其学习积极性，提高学习自信心。因此，教师在课堂上提问学生时，注意提问对象要普遍，机会要均等。

提问不宜按照一定的次序进行，如按学生的学号、座位号的顺序依次发问，这种机械的发问方法，使学生轻易就推测出这个问题应该轮到哪位

学生解答，其余的学生就可以不注意听讲了。所以教师提问时，不要有固定的次序，不要让学生推断出下一个问题应该轮到谁去解答，因而必须集中注意力听讲。提问时，教师要把问题表述清楚，问题说出之后就不要再重复，以免养成学生不注意听讲的习惯。

◇提问的语气要和缓，态度要自然

教师提问时的语气和态度对学生的思维发展也有一定的影响。教师提问时保持积极的态度，学生从教师愉悦的态度中，可以得到鼓舞和激励，从而增强回答问题的自信心；反之，如果教师提问时表现出不耐烦、责难的态度，学生就会产生回避、惧怕甚至抵触情绪，从而阻碍问题的解决，不利于学生的全面发展。因此，教师在课堂提问时，应正确控制自己的语气和态度，提高课堂提问效益。

教师提问的语气一定要照顾到学生的接受能力，声调应有起伏变化，能将提问的重点显示出来，并充分引起学生的注意。用词必须准确，使用"请你回答""你考虑得如何""你试试好吗"等平易近人的话语，让学生能感受到教师的信任、鼓励和赞赏，从而增强学习的自信心和积极性。

中小学生的心智处于敏感时期，他们上课时的目光始终追随、捕捉着教师的一举一动，因此教师向学生提问时的神态要亲切而自然，在教师这种神态的鼓励下，学生就会积极开动脑筋，回答问题。

教师在提问时如果表情严肃并带有质问的语气，那么，学生心里就会觉得紧张害怕，从而不能平静地思考问题，这样就会使课堂提问的效果大打折扣。

◇对学生回答要及时地给予回应和评价

在整个提问的过程中，对学生的回答，教师要随时进行判断，对学生是否掌握了相应的知识、掌握的程度如何等进行公开评价；保护学生回答问题的积极性，从而进一步调动学生学习的积极性。为此，教师可以根据不同的学生应答采用不同的理答策略。

①对于学生迅速而坚定的正确回答，首先要给予肯定，如说声"对""不错"或重复学生的回答。其次在必要时给予表扬，或对正确回答做出进一步解释，或追问一个问题，了解学生是否真正理解。但在课堂节奏较快的情况下，第二步可以省略。

②当学生回答正确但犹豫不决时，教师要先对回答予以肯定，如说"对""是的"，而后解释回答正确的理由或形成答案的具体步骤。这可帮助回答者本人或班里的其他学生加深对正确回答的理解。

③对于学生不完整或部分正确的回答，教师首先要肯定正确的部分，而后探问学生，向学生提供回答线索，或对问题重新措辞。如果学生仍不能得出完整答案，则要转而问其他学生，或教师自己提供答案。

④对于回答不正确的学生，教师在采取具体措施前先要弄清造成这种情况的原因。如果是由于粗心或口误而回答错误，教师可直接指出并纠正学生的错误，继续教学。对由于缺少知识或因对知识不理解而造成的回答错误，教师可依次采取探问、转问等理答方式。

⑤学生不回答时，教师应做及时处理，否则将影响课堂教学的连续性，造成学生不回答的原因可能有知识欠缺、问题本身模糊和心理恐惧等。由于知识欠缺而不能回答，教师可采取探问的方式简化问题，或帮助学生弥补所缺知识，最后获得正确回答。如果问题模糊，学生茫然不知所问，则要改进问题本身，使原有问题明朗化，易于学生理解。有些学生回答问题时怀有恐惧心理，教师则要对其进行适当的心理疏导，帮助其树立回答问题的信心。

24

教师如何提高提问的有效性？

　　教师在课堂教学中使用最频繁也最为熟悉的教学手段莫过于课堂提问，但是，课堂提问并不是用得多就会有效果。实际上，现在很多课堂教学中充斥着大量无效的提问。比如，表面性的提问——形式上热闹轰烈，实则空洞无益；习惯性的提问——未经精心设计，随便发问，发问不少，而收效甚微；惩罚性的提问——因为个别学生上课心不在焉而忽然对学生发问，此举容易令学生感到恐慌，进而产生一些抵触和逆反的心理。诸如此类的提问，有提问之形而无提问之实，只能称之为"假"提问。

　　如何在课堂中实施有效的课堂提问，不妨从以下四个方面做起。

◇ 精设提问点

　　可以抓住教学中的重点、难点进行设问，将教学的目的性体现出来；可以在知识的生长点、思维的发散点设问，以实现对学生思维的延伸与拓展；还可以在那些看似微不足道的细节之处提出问题，引导学生捕捉细节中的亮点，用细节打动学生，打造出生动的课堂教学情境。

◇ 智选提问时

　　课堂提问虽然重要，但不可"满堂问"，那样的话，会分散学生的注意力，使其不得要领，难以实现好的教学效果。

什么时候提问才能既将教学意图体现出来，又将学生的积极性启发出来呢？对此，孔子的话最具指导意义："不愤不启，不悱不发。"即当学生处于"愤""悱"的状态时，当其"心求通而未得"时，教师的及时提问与点拨，能最大限度地激起学生"学然后知不足"的求知欲，调动其主观能动性。

◇ 善用提问法

教师问题的提出方式，将会影响到问题的解决，对于同样的问题，不同的提问方式，通常会引发学生不同程度的反应，对教学实效的影响也是各不相同的。从内容角度来说，可以提知识型问题、理解型问题、应用型问题、分析型问题、综合型问题、评价型问题等。从形式和策略的角度来看，教师提问的方式是更加丰富多样的：可以从正面提问，也可从反面提问；可以先引导激励，再适度提问；可以先用问题设置悬念，再逐步引导；对于令学生一时无所适从的问题可以进行选择性提问；对于学生格外熟悉、已有所认知的题目，则可逐层深入地进行引申性提问；对于刚刚进入状态的学生，可以进行记忆性、巩固性的提问；对于已经在深入思考的学生，则可以稍微增加一些难度，再次将其认知与思维的冲突激发出来。

◇ 强化提问效果

对于课堂提问的反应与解答，教师应及时给予恰当的评价或必要的引导，从而强化学生在认知上的进步，对于解答过程中显现出来的问题与错误，也应明确指出，以免影响以后的学习。

教师要对课堂提问进行评价和强化，可以着重关注两个方面：一是学生的认知水平，二是学生的学习态度和方法、情感。不论哪一方面，教师的评价用语都应尽可能具体、明确，使学生随时把握自己的水平和程度、进步与不足，从而确立恰当的学习目标。

　　强化课堂提问的效果，可以通过发挥课堂评价的激励性作用来实现，在此方面，教师对于学生的真诚态度以及善意的期待能够起到难以估量的促进效果。

25

教师应如何组织课堂讨论?

　　课堂讨论是教师授课方式中的一种,是锻炼和提高学生分析解决问题能力、逻辑思维能力和语言表达能力的有效途径。其表现形式多是由教师提出问题,组织学生分组进行讨论,发表各自见解和观点,然后再由教师对讨论情况进行必要的总结,从而加深学生对讨论内容的认识和理解。

◇ 精心地选择课堂讨论的议题

　　学生在课堂讨论过程中,认真思考,举一反三,这种学习的积极性在很大程度上是要靠教师去调动的。教师提出的议题必须以掌握教材和了解学生为基础,在教学重点处设置疑点,提出适合学生认知能力的规律性的问题,使讨论产生"一石激起千层浪"的反响。

　　课堂讨论的议题应该根据学生的实际情况来确定,主要应从议题的重要性、趣味性、可辩论性和学生的承受能力这四个方面考虑。

　　议题的重要性,是指在本门课程中具有重要地位的命题。所以,教师应该选择在本节课中具有普遍指导意义、有理论探讨价值、对学生领会知识内容有提纲挈领作用但是却容易模糊的命题。

　　议题的趣味性是指应该选择与实际相结合的议题,而不是那种思辨性的理论命题。

议题的可辩论性是指议题可以从正、反两个角度切入，并且双方都能找到相应的理论依据，机会均等地进行辩论。

教师选择、讨论议题要考虑学生的承受能力。这要求教师应该尽可能地根据学生的知识水平、心理年龄来选择议题，而不能超出他们的知识水平范围。

◇ 鼓励学生善于思考，勇于辩论

在组织课堂讨论中，教师要注意启发诱导，鼓励学生善于思考，勇于辩论。

青少年学生正处于求知欲最强烈的时期。在课堂讨论中，教师要以启发性的语言通过恰到好处的点拨、随机应变的引导，使学生的思维向纵深发展。要不断激发学生的讨论兴趣，鼓励学生善于思考，积极发言，并且勇于坚持自己的观点，发表不同的见解，展开辩论，从而培养学生孜孜不倦的学习态度和勇于追求真理的精神。

在讨论过程中，教师需要启发学生抓住中心，独立思考，各抒己见，畅所欲言。要平等地对待每一个学生，要形成一种热情鼓励、真诚帮助、宽容体谅的良好的讨论氛围，使参与的学生在心理上有安全快乐感，从而使学生的思维得到彻底的激发。

在讨论的过程中，教师是引导者，为活跃气氛，教师可以引入竞争机制，如小组抢答、小组辩论等。在这样的气氛中，让更多的学生参与进来，学生的思维能力、语言能力及应变能力都得到了提高。

◇ 组织好课堂讨论，在讨论中明理

组织课堂讨论要注意如下事项：

①不要让学生在讨论中争论不休。课堂时间是宝贵的，教师要注意不

能让学生在课堂上"吵"起来，不能让学生在争执中浪费时间。因此，在讨论开始之前应声明：课堂讨论的目的是弄明白一个问题、表明一个观点，是为了深入了解教学内容。一旦出现学生偏题、吵闹的情况，教师应该及时制止。

②辩论式讨论不要演变成辩论赛。在辩论式讨论中，教师应该时刻记得它与辩论赛是不同的。辩论式讨论强调的是不同观点的碰撞、对话、融合，其目的是深化、拓展教学内容。辩论式讨论是师生、生生间的合作学习。

在辩论式讨论中，学生掌握的绝对不仅仅是一节课的知识，他们还通过搜集资料、分析整理、阐述观点、互相合作，从而提高其分析能力、应变能力、思辨能力等。

③教师要善于总结评论。教师的总结评论是一个很重要的环节，也有一定的难度。要想评价准确并能说服双方，教师应该在课前全面分析议题，推测双方可能论证的角度，会采用哪些观点来设论，这样心中有数，才能在总结讲评时胸有成竹，游刃有余。

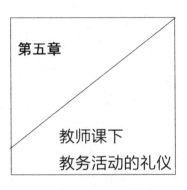

第五章

教师课下
教务活动的礼仪

　　教师的教学礼仪是一个完整的体系。其内容不仅包括课堂教学，也包括课下的批改作业、辅导学生、批阅与讲评学生考卷等诸多教务活动。作为教师，在批改作业时须坚持认真、及时的原则，批改的字体应整齐、规范、美观，正确地使用有针对性的评语，对学生的有关学习做适度的正确的评价。在辅导学生时要耐心细致，热情主动，平等待人，特别是对后进学生更要注意态度，认真辅导，有问必答。在评判和讲评学生时，要客观、公正、细心、规范，从保护学生的积极性、增强学生学习的自信心出发，提高讲评的实效性。

26

教师批改作业有哪些礼仪规范？

批改作业是教学的一面镜子，是教师教学工作中的重要组成部分，是课堂讲授的延续和深入，也是师生交流的一个窗口。通过批改作业，教师能够及时了解学生对知识的掌握情况，矫正学生学习过程中的失误，弥补学生知识的缺陷，促使学生进一步巩固基础知识。

教师批改作业的质量对学生的学习具有相当重要的影响，同时也反映出教师自身的文明礼仪程度。教师如果能按照书面礼仪规范，灵活运用个性化评语来批改学生的作业，往往能够激发学生强烈的学习兴趣和热情，使教学工作取得事半功倍的效果。

◇ 教师的书面批改要认真、及时

教师在对学生的作业进行书面批改时一定要坚持认真、及时的原则，做到对每一个学生负责。

①批改作业要认真。不管是课上练习，还是课后的作业，都是帮助学生消化、融会贯通所学知识的一个必要的环节。因此，教师对学生所做的作业，必须认真批改，批改作业一律使用红色墨水笔并按照教学常规中各学科设置的作业，要求做到全批全改；批发符号原则上应求一致，圈画要有规范，自成体系，一目了然；多做评语，认真评分，所给分数、批改日期，

写在学生作业结尾的下一行里。及时为学生订正错误，同时自己也要对学生领会、掌握知识的情况做到心中有数，以便在今后的教学过程中为学生弥补知识上的缺漏。

②教师的书面批改要及时。教师要将收上来的作业及时批阅，并尽快将作业本返还到学生手中，并督促学生详加研读，或加以讲解以发挥批改的效果。从心理学上看，这样做一方面可以使学生从批改后的作业阅读中，对所学知识得到纠正巩固，强化提高；另一方面也能使学生从教师尽职尽责的行为中受到启发和影响，养成"今日事今日毕"的良好学习习惯。

◇书面批改的字体符号要整齐美观

教师在进行书面批改时，要注意字体、符号的规范使用。

①书面批改的字体要以标准的楷书为主，疏密得当，整齐美观。处于心理敏感期的中小学生，其"向师性"十分强烈，展现在作业本上的字体和内容也会成为学生"监督"或者是"学习模仿"的直接对象。如果教师书面批改的字体规范，行间得当，评语客观，条理流畅，那么学生以后的作业书写自然认真整齐，语句表达也会日趋通顺。

②在书面批改中的各种符号或评语位置要科学、适中。教师要使用表示对或错的符号、科学而又亲切的评语，给学生作业一定的结论。尊重学生而又治学严谨的教师，会像课堂讲授一样认真而慎重地判断作业的正误，并在适当的位置写上精辟的评语，用亲切对话的语气，给学生知识上的正确引导和精神上的赞扬激励，最大限度地调动学生学习的积极性。

◇对不同对象采用不同批改方法

学生性格各有不同，写出的作业也突显着自身的特色，作为教师，要在批改作业的过程中关注学生的不同特点，对不同特点的学生采用不同的批改方法。

①对不同对象采用不同批改方法。对优等生鼓励他们进行发散性思维；对中等生重在"点化开导"，帮助其理清思路，总结规律；对后进生则应"关怀备至"，强化其基础知识、基本技能的掌握，唤起他们的上进心，增强学习兴趣。

②对书写整洁、解题具有独到之处的学生，教师要有针对性地批注。尽可能地使用鼓励性手段，以肯定为主，否定为辅。对于学生作业中新颖的观点或解题方法，无论是否完全正确，教师都应表示出赞赏与鼓励。

◇正确使用评语客观评价学生作业

评语，是一种作业批阅的方式，使用评语，可以弥补"√""×"判断方法的不足，还能从解题思路、能力、情感、品质等多方面综合评价学生的作业。它有利于加强师生之间的情感交流，调动学生的学习积极性，促使学生养成良好的学习习惯。这种评估方式更符合青少年成长的心理需求，同时也能反映出教师以学生为中心的教学礼仪规范。因此，教师在批改作业的过程中要正确使用评语，具体应注意以下几点：

①评语使用原则：简洁明了，自然亲切，实事求是，富有启发性和激励性。

②教师要针对学生作业的实际情况，精心选择既简练又客观的话语，激励学生奋发上进，切忌讽刺挖苦等不负责任的言辞出现在学生的作业本上。许多事实证明，教师在作业批改中不经意的一句话，很可能会影响学生的一生。

③适当带有感情色彩的评语，可以激发学生的学习兴趣，强化学习动机，养成良好的学习习惯。客观地评价作业中的对与错，能使学生对成功和失败有一个正确的认识，树立成功的信心。教师应多使用有特色的评语，如"看

到你在进步，我万分高兴，希望你更上一层楼！""解得巧，方法妙！""完全正确，如果字再写得整齐一点儿，那就更好了！""和细心交朋友！"……为学生的学习进步创造助力。

坚持为学生写出恰如其分又情深意切的评语，使教学信息在传递与反馈中产生最佳效果，能充分调动学生学习的主动性、积极性和创造性。教师的评语应充满爱心，具有启发性和鼓励性，才能显示出教师人性化的礼仪规范。

27

教师批改作业要注意哪些礼仪禁忌？

教师对学生作业的评价会对学生产生重要的心理影响，因此，教师要格外注重学生作业的批改工作，严禁以下几种情况发生。

◇ 只用"√""×"来判对错

有些学生一见"×"，就觉得自己成绩差，这样易刺伤学生自信心，同时不利于指导学生认识及纠正错误。如果改成"？"，学生会去想为什么会做错，改正后可以再换回"√"。

◇ 反馈时间过长

如果每次作业批改的周期过长，学生作业中出现的问题不能及时解决，正确的得不到强化，错误的得不到及时改正，就会影响教学质量。

◇ 校正措施不力

因为反馈时间过长，作业返回学生手中时，知识已学过几天，加上课业负担较重，学生根本没有时间校正作业中存在的问题就开始做新作业，造成问题遗留，违背了循序渐进的学习规律。

◇ 反馈信息量过小

由于有的教师教学负担较重，所谓全批全改，也只是简单地画上"√""×"，不能做到全面分析，不能给每个学生的作业认真评论或改正。等作业发下来，学生看到的只是"√""×"，却不明白原因，如此反馈，信息量过小，作业利用价值不大。

◇ 对作业错误较多的学生讽刺挖苦

教师应该关心爱护学生，帮助他们分析错误的原因，使其掌握正确的改正方法；对做作业马马虎虎、不认真的学生，应在批评教育的基础上，做耐心的引导工作，帮助他们改正不良习惯。

◇ 批改作业情绪化

有的教师批改作业容易带着情绪：心情好，随便给高分；心情不好，只要作业稍有不满意处，便红"×"满目。这样做，教师的情绪会在不经意间影响学生的情绪甚至心理健康。所以，教师批改作业时一定要避免情绪化。

◇ 评价过当

避免出现"优"泛滥的现象，即为了树立学生的自信心，只要学生作业按时完成，一律以"优"定论；避免"优"吝啬的现象，即以严格要求为宗旨，作业稍有错误或书面不整洁，便与"优"无缘。这两种现象均不可取，教师批改作业时一定要做到评价适度。

28

教师批阅与讲评考卷要注意哪些礼仪？

考试、批阅、讲评试卷是教学评估过程中十分重要的环节，对学生存在着明显的导向和激励作用。教师要善于利用批阅试卷这一杠杆，鼓励学生追求真才实学，帮助学生找出学习过程中存在的不足。考试结束以后，教师要对试卷进行批阅和评讲，对试卷做全面分析，对问题进行矫正，让学生从成功中总结经验，从失败中吸取教训。

◇批阅试卷要规范、细心、客观

教师在批阅试卷时要严格遵守批卷礼仪规范。具体而言，表现在以下七个方面：

其一，试卷一律用红笔批阅，批阅标记要清晰，字迹要端正。

其二，批阅试卷时每部分扣分均应在对应项目处标明。

其三，试卷每部分得分应在答题纸相应栏目框内注明。

其四，卷面成绩必须准确，切忌发生加减错误。

其五，对照试卷参考答案进行批阅，评分标准应统一、严格、规范。应一视同仁，体现教师批阅的公平公正。

其六，阅卷教师应签名。

其七，批阅试卷时应做到卷面干净整洁，不宜涂改，更不可在卷面上出现随意加分或减分现象。如确需涂改，务必在修改处签上批阅教师姓名。各项得分栏目框及总分框内数据如有涂改，也应签上教师的姓名。

有些教师认识不到批阅试卷这一杠杆的特别作用，批阅学生的试卷、作业很不认真，走马观花，不讲礼仪规范，把学生的正确答案改错了，对学生的求异思维不理解、不接受，严重地影响了学生学习的积极性和创造性。有些教师将这一杠杆"歪用"，通过任意扣分，"蓄意"制造"不及格"，对学生施以"心灵惩罚"，使学生的学习积极性和自尊心受到严重的创伤，也使教师形象在学生心目中严重受损。

◇ 试卷讲评要及时，认真备好讲评课

考试后，教师应根据考试情况，准备好讲评材料，第一时间给学生进行试卷讲评。具体应做好以下两项工作：

①试卷讲评要及时。

学生考试后，都迫切希望知道哪里做对了，哪里做错了。若拖延一段时间才讲评，学生的迫切心情淡了，做过的题目也忘了，讲评的促进作用会受到很大影响。因此，教师应在考试结束后，尽快准备好材料，就考试情况，对学生进行试卷讲评，为学生答疑解惑。

②备好试卷讲评课。

在讲评前，教师应将试题亲自做一遍，搞清楚每一道试题的前因后果，来龙去脉；核对每一道试题的答案，不能有丝毫的含糊。如讲评选择题，不仅要搞清楚为什么选择这一项，而且要明白为什么不选其他项。对在哪里，错在哪里，必须清清楚楚，切忌似是而非。教师要明确考查目的，将试题研究透彻，分析失误原因，总结失误类型，备好讲评材料，使讲评达到最佳效果。

◇ **讲评讲究原则，保护学生的积极性**

试卷评讲是教师不可忽视的一环，试卷评讲效果的好坏，不仅关系到学生基础知识的巩固与否，而且直接影响到他们今后的考试及学生的自尊心。因此，教师在讲评时要注意尊重学生，保护学生的积极性。

试卷讲评时教师难免要做一些总结，或表扬鼓励，或提醒告诫，但要掌握尺度，切忌只顾分数，不管其他，一味地表扬高分生，批评低分生。应尽量采用多肯定、少责备的方式来总结考试过程中的得失。讲评中应教育学生正确对待考试，正确对待分数。讲评中要尽量保护学生学习的积极性，激励学生奋发向上的精神。讲评时要特别看到后进生的点滴进步，及时给予表扬鼓励，让他们树立信心求上进。

教师评讲试卷，是让学生"知其所以然"，是让学生明白"考我什么"，是让学生由被动地埋头做题变为主动地审视答案。要让学生每做一份试卷、每听一次评讲，都能巩固知识、领悟道理、开拓视野、掌握技巧、提高应考能力，这才是评讲的目的。

29

教师课后辅导学生应该注意哪些礼仪问题？

教学辅导包括课堂辅导和课后辅导。课后辅导是教学环节的重要组成部分，是教师了解学生和检查教学效果的一条重要途径，是解决统一教学与学生个体差异矛盾的主要措施之一。只有把课堂教学与课后辅导紧密结合起来，才能不断提高整体教学质量，发现和培养学生的个性特长。在课后辅导中，教师的言行要符合一定的礼仪规范。

◇ 平等互动，师生相互信任

教师在进行课后辅导的过程中要坚持的第一条原则就是平等、互信。具体而言，应注意以下两点：

①忌居高临下，宜平等耐心。

辅导过程中，教师和学生的关系是平等的。教师不能歧视、轻视任何一个学生，也不能盲目高看一些学生。对待后进生，避免在言语、举止方面有居高临下的表现。"这个问题太简单了！""这都不知道！"类似这样的回答会大大挫伤学生的学习积极性。对于学生提出的各式各样的问题，教师应耐心听取，并迅速判断问题的性质。从这些问题中了解学生的思路和疑难之处，然后再细心地引导和解答。对于反应慢、接受能力欠佳的学生，教师不能横加指责，要多花一些精力，加强具体的、个别的辅导，要弄清原因，耐心讲解，把问题讲得透彻、讲得通俗易懂。

②相互信任，爱护引导。

信任来自理解与尊重。教师要通过规范、礼节性的言谈举止，使学生感受到教师的信任，发自内心地愿意配合教师的辅导工作，和教师共同完成辅导任务。对于因成绩好就无所顾忌、趾高气扬的学生，教师要用严肃的目光示意其克服浮躁，沉静下来；而对于成绩偏低的学生，教师则要面带微笑，运用鼓励、信任的言语和目光，使学生紧张的心情松弛下来，逐渐克服自卑感，培养起进取向上的信念，成为学习的主人。

对待成绩好的学生，不能过分溺爱，以免学生骄傲自大，放松努力，甚至瞧不起成绩偏低的学生，影响同学之间的感情。教师要视学生的具体情况，谨言慎行，不断激发学生的进取心和竞争意识，使他们在平等友好的相处中，获得学业上的更大进步。

◇**热情主动地对待每一位学生**

对待不同学生时，教师应该注意保持热情的态度，一视同仁地关爱每一位学生。具体应注意以下几点：

①忌态度生硬，宜热情主动。

学生本来对教师就有畏惧心理，尤其是成绩偏低的学生，他们在请教教师问题时有三种心理状态：一是有顾虑，怕提出一个很简单的问题被教师嫌弃，被同学取笑；二是抓不住主要问题，不知问哪个好；三是没机会问。如果教师在课后辅导时再态度生硬，他们有问题根本就不敢问，这样，教师就无法真正做到与学生的沟通，了解学生对课程的掌握情况。因此，作为教师，要特别注意态度，应主动热情，鼓励学生多提出问题，引导帮助他们解决问题，并主动地帮助后进生找出存在的问题，使他们对教师产生好感和信任，树立信心，提高学习的积极性。

②忌厚此薄彼，宜一视同仁。

　　课后辅导时，有的教师往往只盯着几个尖子生，对他们提出的问题热情有加，且能做到循循善诱；而对成绩偏低的同学，则冷眼相对，敷衍了事。长此以往，势必会使大部分学生丧失对教师的信任，滋生与教师的对立情绪，进而发展到不愿学习这门课的地步。因此，教师在辅导时对待学生要一视同仁，切忌厚此薄彼。

30

教师应该掌握哪些辅导学生的技巧？

古语道："工欲善其事，必先利其器。"教师要想更好地完成辅导学生的工作，以下技巧应着重掌握。

◇ 应点拨思路，不宜直接作答

在辅导答疑时，学生常会问："这个问题怎么回答？"这时，教师不宜简单地直接给出答案，而要引导学生分析、讨论，让学生充分参与。教师只能在解决问题的思路上给学生以点拨，帮助学生找出使其思维受阻的关键环节。所以，在辅导答疑过程中，教师不能只是一问一答，仅满足于学生会背一个定义，会画一个图，而应该帮助学生去发现问题和解决问题，注意培养和发展学生的思维能力。

◇ 应适当反问，不宜正面纠错

"知其然，而不知其所以然"，就谈不上对问题的真正理解。因此，在辅导中，面对学生存在的这样或那样的错误，教师不一定要正面纠错，而应适当反问。通过反问，使学生认识到出错的根源，从而得到启迪，加深他们对问题的理解。

◇ 应探索创新，不宜条条框框

学生已掌握的知识以及长期形成的思维习惯往往会影响他们对新问题的理解和把握，因此在辅导答疑的过程中，应鼓励学生突破已有知识的界限，打破旧知识的条条框框，发散思维。这对培养学生的创新精神大有益处。

◇ 应循循善诱，不宜简单回绝

在辅导答疑的过程中，经常会遇到部分学生提出一些超前的或离奇的问题。这时，教师不要简单地用"还没学到""超纲了"或"这不需要知道"等话语随便应付了事，更不能对提出奇思妙想的学生讽刺挖苦，伤害学生的自尊心，因为学生毕竟是经过一番思考才提出这些问题的，简单回绝只会压制学生探索问题的强烈愿望。如果教师给予鼓励和引导，帮助其提高对某一问题的认识，能很好地促进学生思维的主动性和积极性，增强其探求科学的思想和意识。

31

教师辅导后进生应注重哪些礼仪？

爱学生是教师的天职，教师要做到爱每一个学生，不应该以成绩的好坏论英雄。尤其是对后进生的教育，是需要教师充满爱心，饱含热情，去尊重、关心、爱护、理解和帮助的。只有用真诚的爱和尊重，善待学生并加以正确引导，才能打开学生心灵的那扇窗，促进后进生的进步。具体而言，应注意以下几点。

◇ 真心关爱、诚心帮助

教师常会遇到一些不遵守纪律的学生，他们往往不愿接受正面教育，花费教师很多精力。对于这些学生，教师应以深厚的感情去关心、爱护他们，帮助他们进步。作为一名教师，对那些学习差、不遵守纪律、好打架的学生更要主动热情、平等相待，多与他们沟通，注意讲话的方式、态度、语气，只有这样才能温暖他们的心灵，使他们能健康地成长，最终能成才。

◇ 尊重差异，因材施教

差异是客观存在的，它是教育的结果，同时也是教育的依据。面对各方面迥异的学生，教师在做教育工作时就要从学生的兴趣入手，了解和掌握学生的差异，因材施教。所谓"因材施教"就是承认差异，重视差异，在教育教学中，从学生的实际出发，有目标、有要求地培养他们。

◇ **转变认识，助其成才**

后进生的界定往往是非常简单和粗暴的。但后进生之"后进"不是一个人的错，更不是一个人的祸，何况这些所谓的后进生在某些方面可能比学优生还要优秀一些，他们也在享受生命并追求成功，将来走向社会也会异彩纷呈。

教师不仅仅是文化知识的传播者，更是塑造学生灵魂的工程师，面对学生的差异，教师要积极树立差异意识，不断地提升自身宽容大度、激励奋进的职业情感和人格魅力，真诚、平等地对待所有学生，给每个学生营造平等的后天努力的环境，保护好每个学生的好奇心和求知欲，尊重、鼓励、关爱和呵护每一个学生的心理需求。

每个学生的智能发展是不均衡的，教师要善于帮助学生找到自己智能的最佳点，使其智能潜力得到充分发挥，从而取得良好的成绩。

32

有哪些转化后进生的教育技巧？

对后进生进行教育，应该从学生的实际出发，遵循教育规律，除此之外，还应该注意工作中的技巧和策略。

教师们在工作中可以使用以下六种转化方法和技巧。

◇ 妙用激将法

在转化后进生的工作中，巧妙地运用激将法，激起对方的竞争意识，有时能取得良好的效果。为此，必须注意以下几点：

① 看对象。教师必须熟悉后进生的有关情况，判断他是否可以接受激将法，即在思想性格上具有被激的主观因素——强烈的被肯定的需要。

② 看时机。对后进生使用激将法，一定要注意恰到好处。出言过早，时机不成熟，反而易使人泄气；出言过晚，错过良机，又成了事后诸葛亮。

③ 注意分寸。激将法使用的出发点要正确，应体现出对后进生的尊重、信任和爱护。如果教师的语言不疼不痒，则达不到预期的效果；如果过于尖刻，则会使人反感。因此，运用激将法要注意把褒贬、抑扬有机地结合起来，这样才能产生积极的效果。

◇ 注重暗示效应

在教育工作实践中，并不是所有的工作都是有声的，有时无声的暗示反而会产生意想不到的效果。暗示作为一种有效的教育手段，应用于教师特别是班主任的班级管理中，能以无批评的形式使学生接受批评，不给学生造成心理压力，不强求学生接受，但能产生积极、主动的影响，起到潜移默化的作用。

◇ 巧抓教育时机

在学校中，教师常常会碰到各种不同类型的学生，平时他们都处于相对平衡的心理状态，一旦这种心理平衡被打破，他们对周围的信息（如教育、批评、表扬、接触等）反应就会特别敏感，这时候就是对他们进行教育的最佳时机。如果教师抓住这个时机，就会得到事半功倍的良好效果。

◇ 寓教育于谈话

后进生是班级中的不安定因素，经常犯这样或那样的错误，有的后进生对教师的教育持排斥态度，被视为"屡教不改"。作为教师或班主任，若能多一点儿关怀，多一分理解，多一些引导，及时地找他们谈心，就能温暖他们的心，甚至在他们的人生道路上留下一块闪光的里程碑。但是，现实中常有这样的情况：有的学生通过和教师谈话，解开了思想疙瘩，焕发了青春热情；有的学生却因谈话加重了思想包袱，甚至产生顶撞现象。这说明，谈话不仅要有思想性和哲理性，还要掌握一定的艺术技巧。

◇ 重视班风陶冶

教师应当重视教育环境的陶冶作用。全体师生应当在集体的内部营造一种和谐的心理气氛，努力使后进生不感到孤独和拘谨。

只有在开诚布公、互帮互爱的风气之中，后进生心里才会真正感到温暖，并逐步接受集体的价值规范。相反，如果集体气氛不佳，他们在精神上会经常处于戒备状态，这种气氛只会让后进生更难以专注于学习。

◇ 调动各科教师的积极因素

后进生比一般同学更需要教师的尊重和关爱。教师的正常对待尚且容易引起他们的敏感和多疑，稍有疏漏更会使他们产生自卑或对立情绪。多数情况下，由于任课教师对他们的全面情况了解甚少，有的怀疑补差工作是否必要，有的对后进生消极歧视，有意或无意伤害了其求知欲和自尊心，成为补差工作的障碍。解决这一问题最好的办法是向任课教师详细介绍后进生的具体情况，例如家庭结构、性格气质、兴趣特长等，使其在了解的基础上升华到理解，从而建立互相信赖与互相尊重的师生关系。

第六章

教师对待学生及
与学生交往的礼仪

　　教师与学生的交往是校园中最基本的人际交往，在这一交往过程中，师生之间进行着思想的沟通和知识的交流。在这一交往过程中，教师与学生平等相处，尊重学生的人格，培养学生的自主意识。和谐的师生交往离不开教师良好的个人品德和礼仪修养。老师应当以高洁的品质、正直的节操潜移默化地影响和感染学生，以丰富的经验、高超的教学技术来挖掘学生的潜能，从而促进学生身心和谐、健康地成长。

33

教师对待学生有哪些基本的礼仪要求？

　　教师与学生，在人格上是平等的，在教育过程中通过心灵的交流，体现师生间互相尊重的关系。作为教师，要处理好师生关系，必须具备高尚的个人品格和良好的礼仪修养。

◇ 热爱学生，对学生倾注爱心

　　热爱学生是教师职业的基本要求，也是教师与学生交往的礼仪之本，教师必须全身心地去热爱所有的学生。教师爱学生，能激起学生的上进心、自信心，能促使学生产生前进的动力，是学生接受教育的前提。

　　教师热爱学生，最直接的体现就是倾注爱心关注学生，对学生的发展充满期待。具体来说，教师要从以下几个方面对学生予以关注：

　　①关注学生的潜能。通过积极评价，让每个学生都相信自己具有一定的潜能，甚至是优秀的潜能，只要积极努力就能挖掘出自己的潜能。

　　②关注弱势群体。弱势群体包括学习上的落后者、智能上的滞后者、家庭条件上的困难者，一般表现为自信心较弱，甚至缺乏自信心。教师在和学生交往时千万不能忽略他们，更不能伤害他们。

　　③关注"违规事件"。学生作为未成年人，多会产生一些单纯、善良的想法，并想在实践中践行自己的想法，这些想法很有可能会违反学校的

一些规章制度，形成"违规事件"。但是，作为教师，要从学生的生理、心理特点出发，采用移情、换位的思考方法，走进学生内心，去理解、关爱、引导学生，而不应一味地指责。

④关注对学生的"无意伤害"。教师的"无意伤害"常常会在学生的心灵中留下阴影，因此，教师应在平日里关注自身的行为效应，多用"大拇指"赞许，不用"食指"指责；多用肯定的目光，不用无所谓的眼神；多与学生打成一片，不和学生"楚河汉界"，真正地用心去关注、爱护学生，与学生成为朋友，帮助他们学习、成长、进步。

◇ **尊重学生，与学生平等相待**

自尊心是人们希望得到别人肯定和重视以及自我肯定的一种积极情感，是不断追求、进取向上的动力，是生活的精神支柱。因此，尊重学生是教师的重要道德要求，在处理师生关系时，教师理当尊重学生。

在日常的师生交往中，教师对学生的尊重应体现在以下几个方面：

① 在行动上尊重学生。

在师生交往中，教师必须以自己的实际行动尊重每一名学生。下述"六不"，尤其需要付诸实践：其一，不训斥学生；其二，不辱骂学生；其三，不讽刺学生；其四，不怠慢学生；其五，不蔑视学生；其六，不体罚学生。

② 在态度上尊重学生。

教师对学生的尊重，必须做到表里如一。其一，尊重学生人格。其二，重视师生交流。在师生之间，有交流，才有了解；有交流，才能沟通。教师经常主动进行师生交流，实质上就是"以学生为本"，就是在态度上尊重学生。其三，听取学生建议。教师与学生要建立起一种平等、民主与合作的关系，要经常与学生和学生集体平等交换意见，采纳他们合理的意见、建议和要求。真正融洽的师生关系应该是教师尊重学生，学生尊重教师，教师善于教，学生乐于学，教学相长、各得其所的一种关系。

③ 教师要平等地对待每一个学生。

对不同相貌、不同性别、不同民族、不同籍贯、不同出身、不同智力、不同个性的学生要一视同仁，不偏袒优秀的学生，不歧视后进的学生或身心有缺陷的学生。

要想提高教育工作水平，促进学生身心和谐、健康地成长，教师就必须在各种教育活动中与学生平等相处，尊重其人格，培养其自主意识，以高洁的品质、正直的节操潜移默化地影响和感染学生，以丰富的经验、高超的教学技术来挖掘学生的潜能。

◇ **因材施教，充分了解学生**

面对不同年龄、不同层次的教育对象，教师更要强调教育方式方法的不同，教学中已不能用统一的标准去教育所有学生，要在了解不同学生特点的基础上，采用丰富的、个性化的教育方式，因材施教。具体而言，要做好以下几点：

①充分了解学生。

"知之深，则爱之切。"教师只有了解学生，才能发现他们的闪光点和可爱之处，才能加强对他们的关心和爱护。教师不仅要了解学生的知识水平、行为表现、觉悟程度，而且还要了解其家庭情况、生活习惯、健康状况、性格特征、兴趣爱好、接受能力等方面，以便形成全方位的认识，更好地了解自己学生的综合信息。

②充分尊重学生的个性。

学生是学习的主体，在教育教学活动中，教师要注意学生的个性特征，及时发现，积极培养，因材施教。要努力倡导和发展学生的特长、优势、志趣、爱好和独立性，为学生的个性发展提供尽可能多的条件，有针对性地培养其表现力和创造力，使每一个学生都能有属于自己的一片天空。

③说话灵活多变，不可千篇一律。

学生在思想言行上可能存在或出现的问题多种多样，各不相同，教师只有善于把握不同学生的性格特点和思想状况，分析他们的言行动机，找到问题存在的原因和症结，然后对症下药，方能取得良好的效果。教师应事先把握谈话对象的性格、心理和爱好差异。对那些性格开朗、易于接受批评的学生可直接指出他们存在的缺点和错误；对那些"吃软不吃硬"的学生或性格倔强的学生，要避免顶撞；而对那些"吃硬不吃软"的学生，就不能过于迁就，但不能挖苦、讽刺、训斥。

教师要根据学生在个性、知识水平和智力程度等方面的差异，因材施"爱"，正视孩子的差异，不以静止的眼光看待学生。针对孩子的不同特点，采取不同的教育方法和措施。

◇主动沟通，积极进行师生交流

交流与沟通是增进教师与学生之间的了解与感情的方式。教师在日常的教学与生活中要努力主动与学生沟通交流，构建良好师生关系。具体而言，应注重以下几点：

①教师必须重视与学生的主动交往。

教师从第一次与学生交往时就必须明确自己应该和学生建立什么样的相互行为模式，要求学生对自己抱有什么样的态度和采取什么样的行为。当学生的态度和行为不符合教师的愿望时，教师要主动改变自己对学生的态度和行为，这样，学生的态度和行为才会发生相应的改变。

②教师在教学工作中要多问学生所思所想。

可以问的内容很多，比如问他们希望怎样度过这一学期，希望教师怎样教学；问他们学习中有什么困难，有什么想法；问关于他们的兴趣与爱好；

等等。碰到家长，时常和他们聊天，取得家长的信任和支持，了解学生在家里的行为等。此外，还可以向其他老师、班主任、任课老师询问，力求全面、客观、深刻地了解学生。

③教师要有技巧地与学生交谈。

与学生交谈的场合一般不需要限定，什么场合都可以交谈，只要不影响别人，课堂、办公室可以，课间、操场，或在放学回家的路上也可以。但不管什么场合，教师态度都要和蔼，学生一般是比较怕老师的，如果你板着面孔，严肃、冷漠，谈话是很难进行的，结果可能是你一个人说，而你也得不到什么实质的效果。另外，谈话要善于找话题，要找学生最熟悉、最感兴趣的来谈，这样才能让他们解除顾虑、打开心扉，从而说出他们的心里话。

◇公正客观，正确地评价学生

教师尊重学生，重要的是平等、公正地对待学生，要公正合理地评价学生。

①处理好"外表公正"与"实质公正"的关系。

如何对学生的知识、能力、品质和长进程度给予恰当评价，历来是一个极为复杂的问题。根据教育职业的特点，教育公正不仅限于"分数面前一律平等"的"外表公正"，而要更注重以追求最大限度地全面提高学生素质和创新能力为根本目标的"实质公正"。恰当地处理好"外表公正"与"实质公正"的相互关系，是一个需要教师不断探索和实践的重要课题。教师坚持做到在试卷、规则和分数面前人人平等，不抱成见，不徇私情，规范准确，体现教育公正。

②处理好"信赏必罚"问题。

"信赏必罚"，原本是政治家们的用人之术。如今"赏罚"的运用已成为教师教育、激励和规范学生行为经常采用的措施。教育公正要求教师对学生的"赏罚"必须以教育为前提，必须在实施中做到"赏罚"有据、"赏罚"有度、"赏罚"公平。

所谓"赏罚"有据，是指"赏罚"必须有事实和规章的依据。"赏"，一定要给予有优良表现的学生；"罚"，一定要给予主观上有过错的学生。并且要依据（符合教育行政法规的）规定行事，不能"政出多门"，更不能随心所欲。

所谓"赏罚"有度，一是指"赏"的面不宜太宽，搞平均主义；也不能太狭，而被少数冒尖的学生所"垄断"。二是"赏"不宜太厚。现在有的教师动辄对表现好的学生予以重奖，其做法有百害而无一利。三是"赏"一定要以精神奖励为主，因为靠物质刺激是很难培养学生成为"有理想、有道德、有文化、有纪律"的新人的。

健康的师生关系，总是能给学生注入一种健康向上的积极力量，不断激发学生的学习积极性，进而促进学生学习能力的发展。

34

教师与学生的日常交往有哪些礼仪规范？

师生在校园里朝夕相处，相互间如能做到礼仪周全，不仅可以增进师生之间的感情，还有利于学校的学风建设和学生工作的顺利开展。因此，教师在与学生的日常交往中，一定要体现出自己优良的礼仪风范。

◇与学生偶遇时热情有礼

教师与学生偶遇时的礼仪，具体而言，应注意以下几点：

一是积极热情，不失稳定。学生与教师相遇，通常应由学生主动向教师招呼，道声"老师好"，教师应友好作答，这样，能充分体现尊师爱生的美德，有助于师生感情的融洽。教师表情不要过于冷漠，拒人于千里之外，使人感到不可亲近，当然也不宜过分亲昵，这样有失尊严和威信。在进出门口、上下楼梯时和老师相遇，学生应主动招呼，请老师先行。

二是不同场合，灵活通变。当教师组织并参加学生的课外活动，如联欢晚会、郊游等活动时，教师可以随和亲切一些，并积极投身进去，把自己当成学生中的一员，有利于增进师生感情。青年教师与学生相处，态度不妨更随和一些，亦可主动招呼学生，犹如兄弟姐妹一般，这样容易与学生打成一片，有利于教学工作的顺利开展。

◇ 称呼学生别忘为人师表的礼仪

称呼是师生交往的起点，反映教师的思想、道德和修养，同时也影响到教师形象的树立。在教育教学活动中，礼貌得体的称呼语可以激发和控制学生的情绪，沟通师生感情，融洽师生关系，进而增强教育教学效果。具体应注意以下几点：

①要真诚响亮地叫出学生的名字。

教师用清晰、正确的发音真诚地呼唤学生的名字，意味着对学生所持有的一种必要的尊重。

②不要叫学生的昵称或绰号。

教师对学生的昵称虽然有助于人际关系的深化，但在课堂这一特殊场合会产生反向作用。太过亲昵，会造成学生的优越感，削弱其遵守纪律的自觉性，也会使其他学生产生厚此薄彼之感。在公共场合，教师绝对不能叫学生的绰号，这样很容易伤害学生的自尊心，也会影响教师形象、降低教师威信。

③忘记学生姓名时，叫法要得当。

在师生交往中忘记或叫错学生的名字是常有的事，这很容易引起学生的不满，觉得老师对自己不够重视，从而影响师生感情。为了避免尴尬的场面，当教师记不准学生的姓名时，宁可回避也不要叫错。可以采取位置称谓法，如："请靠窗的这位男同学回答问题好吗？"或者着装称谓法，如"请这位穿红色上衣的女同学上台来"。

◇ 对来访的学生要热情相迎

学生及其家长到教师家中拜访，教师都要热情相迎，像对待其他上门拜访的客人一样。然而，学生来访的目的并不相同，因此，在具体的接待方法上自然也有所区别。针对不同来访目的的学生，作为教师，应该注意以下一些礼仪：

①对来表达关心的学生要促膝谈心。

有些已经毕业多年的学生来拜访老师，是由于对教师十分怀念，想通过拜访表示自己的敬仰之意。对这样的来访者，教师应亲切地表示欢迎，和学生促膝谈心，让学生不觉拘束，感到温暖。这样的来访者有时还会随身带一些小礼物赠送给老师。此事要处理得自然得体，既不能使学生不快，又不能让学生加重负担，要尽量用有利于促进师生之间情谊的方法解决。

②对来求知学习的学生要认真指导。

有些学生来拜访老师，是由于求知心切，是带了某些问题来向老师求助的。这种情况有时也可能发生在教师毫无准备的情况下，可能教师本人正在处理家务，或正在进行学术研究，也可能正在会客。总之，不管自己正在忙什么，都应当把手头的事暂时搁置起来，用热情诚恳的态度，全心全意地指导学生，与学生一起讨论问题。

③对来倾诉困难的学生要热情帮助。

有些学生来拜访老师，是因为本身遇到了特殊的困难。有可能是受到了同学的欺负，有可能是受到了家庭的虐待，也有可能是遭到坏人的迫害和摧残。简单地说，他们是来向教师申诉或求救的。古人云："一日为师，终身为父。"这些学生因为受屈、受辱而特意来找教师寻求帮助，这是学生对教师的最高信任。对此，作为教师，更应该伸开双臂、满腔热情地接待他们，要像父母爱护自己的子女一样去爱护他们，帮助他们。但是，教师本人的态度要保持镇定，要冷静沉着。首先，要尽量稳定学生的情绪，在学生冷静下来之后，随即认真、仔细地弄清学生所述事情的全貌，经过思考，对来访者给予具体解决问题的指导。其次，要特别注意，该保密的事要严格保密；有些问题可能要依靠组织才能解决，也要不遗余力地帮助学生去解决。这才是真正的师生关系，也由此更体现出真正的师生之谊。

35

教师与学生谈话应注重哪些礼仪规范？

交谈是师生双方沟通信息、交流思想、增进了解的重要手段和基本形式，经常交谈在师生交往过程中是必不可少的。教师在与学生交谈时总体上要做到言行文明、自然大方、礼貌周全和用语妥帖。具体而言，应做好以下几个方面。

◇提前通知，让学生有所准备

教师在确定要与某个学生进行谈话时，首先，应提前与学生打招呼，不能心血来潮，让学生毫无准备。提前告知学生谈话概况，这既是一种礼貌，又是对学生的尊重。其次，教师最好事先选择好有利于学生接受意见的地点和场合，并及时通知，使学生有足够的思想和心理准备。如为了表扬、商讨或研究工作等方面的谈话，就是在办公室进行也无妨碍。如果是对学生提出批评，或向其了解不宜公开的情况，则一般应选择清净、不引人注意的地方进行为宜。在这种情况下，采取说"悄悄话"的方式，学生一定会更容易听得进去，更容易接受意见，也更能够畅所欲言，使教师充分了解自己。在师生谈心过程中，尽可能做到不使学生难堪，这既是一种形式，也是对学生的礼貌和尊重。并且，谈话之前要有所准备。教师在与学生进行个别谈话之前，首先应全面回顾一下该学生德、智、体、美、劳等各方面的情况，确定本次谈话的主要目的和内容；其次，还要针对不同学生的不同情况，合理安排好谈话的思路和方法，加强谈话的针对性。

◇用心交谈，注意语气、语调

交谈是一门艺术。教师与学生交谈时，应本着用心、真诚的原则，注意谈话时的语气、语调，用温暖、艺术的方式与学生进行交谈。具体而言，要注意以下两点：

①语言运用恰当，语调和缓悦耳。

"言为心声"，教师在与学生交谈中所使用的言语必须是文明的。教师在谈吐中多使用礼貌语言，可以显得温文尔雅，富有良好的教养，也可以更明确、更直接地向学生表达自己的尊重与友好之意。因此，作为一名训练有素、追求融洽的人际关系的教师，有必要在交谈中控制个人情绪，争取始终如一地保持谦和的态度。

对教师来说，在与学生谈话中保持谦和的态度，尤其需要在控制音量、控制语速、把握语气和检点举止等四个方面狠下一番功夫。交谈时降低音量、压低声音，可以使自己的声音更加悦耳动听。说话时的音量，能让交谈对象听清楚即可，完全没必要大声喧哗。讲话时声调过高，容易让学生觉得你是在强词夺理，而且说话时唾液飞溅，还会使学生觉得心烦意乱。

教师找学生谈话时，不论出于什么原因，都应该注意自己言行的文明，应该做到礼貌周全和用语妥帖，绝不要盛气凌人，随意教训学生。

②坚持原则，方法得当。

找学生谈话，做思想工作，要平易近人，和蔼可亲，千万不能大声训斥，挖苦讽刺，要让学生"亲其怀，信其道"。

用心交流。教师要学会因人制宜地做学生的思想工作，要实话实说，不要拐弯抹角；要善于用朴实的小事例去阐明道理，让学生感到你说的话真切可靠。这样，你的教育对象才能消除抵触情绪和戒备心理，向你倾诉肺腑之言。

适可而止。教师与学生谈话，不要带着情绪，不要说过头话、赌气话。因为学生天真、单纯，他们往往会误认为老师的过头话、赌气话是真心话。同时，教师在学生面前说过头话、赌气话，也是无能的表现，易在学生面前丧失威信。没有了威信的老师，谈话是达不到效果的。另外，教师千万不能挖苦讽刺学生，任何不尊重学生人格的谈话都是失败的。

培养耐心。常言道："心急吃不了热豆腐。"做学生的思想工作和医生治病救人一样，总想尽快使病人康复，有些病可能医治一次两次就好了，可有些病并非一服药、两服药就能治好的。同样道理，做学生的思想工作，要有耐心，不能恨铁不成钢。"好雨知时节，当春乃发生。随风潜入夜，润物细无声。"只要功夫到了家，铁杵也能磨成针。

◇平等沟通，不要以师威压人

教师与学生交谈时要以平等的心态与态度对待学生，万不可以所谓的"老师威仪"压迫学生，这样不仅不会得到学生的尊重，反而会适得其反。

①不要挫伤学生渴求教师关爱的心理。

青少年学生特别渴求和珍惜教师的关爱。师生间真挚的情感有着神奇的教育效果，会使学生自觉地尊重教师的劳动，愿意接近教师，希望与教师合作，喜欢向教师袒露自己的思想。因此，教师对学生要倾注全部热情，和学生平等相处，以诚相待，给学生亲切感、安全感和信赖感，成为学生的良师益友。只有这样，才能保证与学生谈话取得良好的效果。

②学会"蹲下来跟学生说话"。

教育重在师生间相互信赖，信赖取决于民主平等的沟通。只有尊重学生，才能教育学生；没有尊重，就不可能有真正意义上的教育。教师应该学会

"蹲下来跟孩子说话"。师爱的最高境界是友情，师爱的基础条件是平等。在学生心目中，亦师亦友，民主平等，是"好教师"的最重要特征。有爱心的老师和有知识的老师，对学生来说，他们更喜爱前者。

③注意迎送礼节和谈话中的细节。

教师与学生谈话前，要热情迎候谈话学生的到来，应在门前热情迎接，不能在屋里站着不动或在门口谈话，这是对学生的不尊重、不礼貌。与学生谈话时，关于安排座位要适当注意，要让学生坐在与自己平等的位置上。如果自己高坐其上，或坐在办公桌后，会造成学生的思想压力及心理失衡。谈话结束后，教师也应送学生离去。

36

教师表扬学生应注意哪些礼仪规范？

表扬与批评是教师在日常教学中最常用的手法，看似平常的方法，其中却蕴藏着大学问。每个学生都希望自己被表扬。表扬学生，是教师发自内心地尊重学生；表扬学生，可以让学生体会到教师对他的关注和关怀；表扬学生，还可以帮助教师赢得学生的信任和喜爱。古人说："良言一句三冬暖。"说的就是这个道理。

◇ 教师表扬学生要发自内心

表扬重要的是发自内心的真诚表达。教师在平日的教学过程中要用心观察学生，抓住时机，真诚地、慷慨地对学生的优点、进步进行表扬。具体来讲，要注意以下两点：

①真诚表达，慷慨表扬。

表扬学生，可以让学生获得情融融、意切切的心灵感受，这种感受会转化为积极向上的原动力。燃起学生的希望之火，唤起他们的进取心。所以，赞美是教育的秘诀之一，今天的教师，应该学会赞美。

②褒扬适度，激其进取。

如果你能发现学生身上的优点，并给予适度的赞扬，他就会觉得你是最了解他的人。教师要适时给予学生鼓励慰勉，表扬学生的某些长处，引导他们更好地完成学习的任务。

从心理学的角度讲，学生被赏识的心理得到满足，就会产生一种向上的动力，会更加全面地审视自己，意识到自己的不足。同时，也能欣然接受别人的意见并逐渐完善自己，因此，教师对学生真诚的、毫不吝啬的、慷慨的赞美，能够激起学生的学习热情以及智慧的火焰。

◇ **肯定学生的每一个进步**

"不积跬步，无以至千里。"人的进步都是从一点一滴的积累中获得的。因此，教师要在日常教学、生活中多关注学生的细节行为，对他们的每一个优点和进步都应给予肯定与表扬，从而让学生在点滴中不断为大的进步积累基础。教师在教育教学过程中应注重以下几点：

①挖掘学生的闪光点，以达扬起风帆之目的。

每个学生都有自己的长处，教师要善于捕捉孩子身上的闪光点，及时对学生进行赞美，树立起他们的信心，从而发挥他们的潜能。特别是对于那些学习成绩不突出还有自卑感的学生，他们内心深处极其渴望受到教师的理解和信任，他们也非常在乎老师的评价。俗话说："气可鼓，不可泄。"几句真心的赞美也许能创造一个奇迹，令人扬起努力学习的风帆。

②表扬学生微小的进步，以达增强学生自信之目的。

作为成长中的个体，学生身上难免存在一些不良习惯和弱点，对于学生的种种问题，老师们感到束手无策时，往往会采用批评的方法，结果情况越来越糟。倘若适时地采取表扬的方式，以一颗平常心对待学生们的每一点长处，对他们的每一次进步表示肯定，对他们的价值表示欣赏，从而树立起学生的自信心和自豪感。

③表扬学生的生活细节，以达规范行为之目的。

教师表扬学生，要从学生细微的生活细节着手，实事求是，不要单纯地说一句"你真聪明""你真是个好学生"等诸如此类笼统的话。教师必须注意常常表扬学生那些令人满意的具体行为，教师的表扬越具体，学生对好的行为就越清楚，遵守纪律的可能性就越大。

◇ **表扬要真诚，实事求是，恰如其分**

　　表扬一定要诚心诚意，切忌虚假。教师想要做到这一点，就必须要做一个细致入微的人，多了解学生的学习和生活，发现他们每一个细小的优点，从而实事求是、恰如其分地对他们加以表扬。表扬若运用不当，就会出现"药轻则无效，药重则伤人"的效果。所以，教师对学生的表扬一定要把握好度，既不能人为地拔高、掺水和作假，也不能如蜻蜓点水般不着痕迹。教师要真心诚意，因人因事，因时因地，采取不同的方法表扬学生，唯有这样才能将表扬的效果增大。

37

教师批评学生应注意哪些礼仪规范?

表扬是人人都渴望的,批评相对而言,就不易让人接受,但"金无足赤,人无完人",人生在世,谁能无过?涉世未深的学生在日常学习中犯了错,教师要学会运用批评的艺术,运用善意的批评引导、教育学生。正所谓赞美是鼓励,批评是监督;赞美如阳光,批评如雨露,二者缺一不可。

◇ 正确认识学生所犯的错误

教师在批评学生时要善于运用批评的艺术。要充分认识到错误是一种资源,错误是发展学生认知的一种无可替代的方法。教师在日常教学中讲究批评艺术具体而言,应注意以下几点:

首先,保持正确的认识。"人非圣贤,孰能无过?"面对学生之过,教师的任务就是正确认识、对待学生之过,就是将其"过"的消极影响转化为积极的影响。面对学生的"过",教师应表现出对学生的尊重和理解,采用信任的方式去感化和诱导学生,给他们的自我反省和自我修正保留充足的时间,从而使教育所特有的人文教化功能得以完美展现。

其次,作为一名老师,他应该知道学生多多少少都有一些"不愿接受批评"的心理。所以,应该采用"带有人情味"的方式以使问题得到更好的解决,使错误得以及时的纠正。教师带着"人情味"去批评学生,也体现了教师高尚的人品和崇高的境界，体现了教育以人为本和润物无声的真正内涵。

再次，要采用"善待"错误的方式，卸掉学生的思想包袱，维护他们的自尊心，从而使其自觉主动地纠正错误。教师完全可以善待和利用学生"一时之过"，从而让学生彻底地"知其然"且"知其所以然"，达到将学生的"过"的消极结果转变为积极影响的目的。

最后，通过正确诱导学生，帮助他们分析纠正在课堂上所犯的错误，让他们有实实在在的进步。

◇ 批评学生要注重场合、注意方式

要想取得批评效果，关键在于批评的态度。如果教师批评时一味地指责学生或强调自己的看法，除了引发学生的不满甚至厌恶外，教师将一无所获。因为，没有人喜欢被批评。然而，若教师能以正确的方式批评学生，将会收到不错的效果。教师在批评学生时，需要注意以下几点：

①最好是在单独相处时提出，不要高声大叫，不要把门打开，不要被其他的教师和学生听见，要照顾学生的自尊心。

②批评学生前，宜略微给学生一些赞扬，或是先聊一些轻松的话题，在创造出一个和谐的气氛后，再展开批评，也就是常说的"先礼后兵"。

③要对事不对人，要批评学生的错误行为，而不是批评当事人，因为是行为本身要受到批评，并不是人本身。教师绝不应该在批评学生时说"你真笨""你是个蠢材""你脑子进水了"等话语。

④在告诉学生做错了的同时，应告诉他怎样做才是正确的，这样，才能使批评产生积极的结果。

⑤避免使用命令的口吻，应在批评中与学生坦诚沟通，使学生平和地接受批评。

⑥ 一次犯错，一次批评，不要将学生过往的错误累计在一起算总账。

⑦ 以友好的方式结束批评。你可以用这样的方式结束批评："我们不仅是师生，也是朋友，我们共同解决了应该解决的问题，今后还要相互帮助，并肩共进，我相信你以后会取得更大的进步！"最好别说："我的话结束了，改正吧！"批评之后加以鼓励、引导，这才是批评的艺术。

◇ **批评学生要注意禁忌**

并不是所有的表扬都受人欢迎，同样并不是所有的批评都会被接受。教师在对学生进行批评教育时，一定要记住批评教育只是手段，而促进学生进步、成长才是目的，避免在批评教育中犯以下禁忌：

①忌盛气凌人。

在教育的过程中，有少数的教师一旦发现学生犯错，不是对事实进行调查，而是马上对学生进行批评。而被批评的学生慑于教师的威严，虽然嘴上不敢申辩，心里却很不服气。这样的批评不但起不到理想的效果，还会令学生产生逆反和抵触的情绪。所以，教师在批评学生时，切忌姿态过高。教师要亲近学生，令学生对其产生亲切感和信任感，从而愿意与教师沟通，让学生从思想深处认识到自己的错误，并且将错误改正。

②忌尺度不一。

在批评教育的过程中，有的教师在自己喜欢的学生犯错时，往往会比较温和，批评起来总是轻描淡写、和风细雨。而对于一般的学生，尤其是那些后进生，却会大声地斥责，甚至会对学生进行体罚。事实上，不管是学优生还是后进生，不管是班干部还是一般学生，犯了错误都应受到批评。如果该批的不批，不该批的狠批，那样势必会引起学生的反感，降低教师的威信，造成师生关系紧张。

因此，教师批评学生的时候一定要做到实事求是，一碗水端平，切忌尺度不一。

③忌出言刻薄。

有一些教师经常会用刻薄的话语来批评学生。这样的语言会使受批评的学生产生自卑甚至仇视的心理，使得他们在错误的道路上越走越远。所以，教师在对学生进行批评的时候，即便是事实清楚，证据确凿，也必须尊重学生的人格，切忌挖苦、讽刺学生，恶语伤人。

④忌小题大做。

有的教师批评学生时往往喜欢把问题扩大化，习惯把偶然的失误看成是一贯的行为，把个别学生吵架说成是破坏班级团结。这样的批评方式，不仅不能令犯错的学生心服口服，反而会令学生对教师产生敌对的情绪。因此，对学生进行批评教育时，教师一定要实事求是，有一说一，不要任意夸大。

⑤忌片面武断。

有些教师在批评学生的时候，表面上声色俱厉，事实上根本没说到点子上，只是在做些片面、武断的说教。这样做只会让学生心生怨气与反感，不会产生任何积极影响。正确的做法应该是全面地看待学生的行为，既要看到他所犯的错误，又要看到他一贯的表现；既要看到主观原因，又要看到客观原因；既要看到犯错误的现实性，又要看到改正的可能性。唯有这么做，才能使批评收到预想的效果，令被批评的学生心服口服。

在教育过程中，要想让学生认识到自己的错误，并及时纠正，教师一定要在批评时公正公平、有理有据，做到实事求是。如果学生一时难以接受教师的批评，那么教师可以适当地转移注意力，在交谈之中讲述道理，让他们明白自己的错误，从而接受教师的批评教育。

第七章

教师与学生家长
交往的礼仪

　　家庭是孩子健康成长最重要的场所，家长无疑
对孩子的成长发挥着无可替代的作用。因此，教师
需要与学生家长密切配合，互通情况，与家长共同
商讨教育学生的方法，促进家庭与学校之间的积极
配合。通过发挥学校与家庭双方积极的教育影响作
用，形成教育学生的合力，来更好地促进学生的成
长与发展。因此，教师在课堂教学之外，需要积极
地与学生家长联系、交流、沟通。在这种联系交流
沟通过程中，教师应注重人际交往中的基本礼仪，
从而收到良好的交往效果。

38

教师与家长沟通有哪些礼仪要求？

教师应积极、主动通过多种方式与学生家长经常保持联系与沟通，尤其是个别沟通。这样可以及时地互通信息，使学生家长和教师得知近日学生在学校、家庭中的情况。教师和学生家长沟通是最重要、最有效的教育方式之一。

◇ 积极主动与家长沟通

每一对父母都把孩子当成自己的希望、家庭的未来，而他们往往把培养孩子成材的重任寄托在老师身上。学生家长的这种心理给教师增加了压力，也对教师提出了更高的要求。基于家长的这种心理，教师为了能及时全面地了解学生的情况，就应该与家长多主动沟通。

很大一部分学生在学校和在家里的表现是完全不一样的，因为中小学生一般都特别在乎自己的面子，都会尽自己最大的努力在老师和同学面前展现自己最优秀的一面，在父母面前就无所谓了。因此，教师必须积极、主动地与学生家长交流、沟通孩子的真实情况。只有这样，教师才能掌握学生校内、校外的综合表现，才能真正全面地了解学生，才能从学生成长的环境入手，引导好、教育好每一个学生。

◇ 以尊重、真诚的态度与家长沟通

教师与家长交谈时语言要简洁明了，表达清晰完整，态度要尊重、真诚，避免使用那些生涩难懂的专用术语。切忌高谈阔论，以教育专家自居。在介绍学生发展情况时，不要说得过于笼统，而应具体一些。

39

教师接待学生家长来访要注意哪些礼仪？

◇ 热情真诚接待家长的来访

任何人到任何地方拜访，最不愿意面对的就是冷遇，有道是："出门看天色，进屋看脸色。"因此，学生家长来访，教师应礼貌相迎、热情接待。具体应注意以下几个方面的接待礼仪：

①热情接待来校的学生家长。首先要对家长表示欢迎，包括应邀来校的家长和主动来访的家长。

②实事求是地介绍学生在校的情况。

③认真倾听家长的叙述。家长来校都是有目的的，要尽量让家长把话说完，并认真倾听。

④营造轻松、愉快的谈话氛围。可以先给家长倒一杯茶，说一些学生在班上的趣事。交谈时语气要亲切、自然。

⑤对学生多一些表扬、鼓励，少一些批评指责。

⑥和家长谈话应用商量的口吻，教师切勿以专家自居，不要对家长发号施令，不责怪家长。

⑦不要把家长当作发泄的对象，不要把家长当作什么都不懂的人来教训一番。

⑧要对家长的到来表示感谢。家长在繁忙的工作中抽出时间来校，是

对教师工作的支持，所以，教师要感谢家长的来访。另外，答谢也是密切与家长关系的良好方式。

⑨当家长告辞时，应起身相送，并说"慢走！""走好！""欢迎下次再来！"等客气用语，并要将家长送至门口，而且应在家长完全离开视野之后再返回。

◇ 耐心听取家长的意见

无论哪个教师，纵然他的实践经验极其丰富，理论修养极其深厚，也不可能将教育工作做到十全十美，应该自觉地跟学生家长站在同一水平线上，经常向他们征求意见，对他们的意见和建议更应该虚心接受。

教育是双向的，家访谈话同样也是双向的沟通。教师对学生存在的问题要多启发鼓励，切忌武断妄下结论。家访中要注意认真倾听家长的叙述，详细了解学生在家庭中的思想动态和行为表现。对家长提出的一些对学生教育有利并且可以实施的方案和建议，要耐心倾听，仔细记录，并诚恳地表示感谢，平和亲切地及时发表自己意见，使双方在和谐、友善的气氛中沟通交流。

如果教师这样做了，就会给学生家长留下一种可亲可信的良好印象，从而让他们对教师的工作给予最大诚意的支持与配合，让他们自觉地维护教师的威信。

如果在交谈过程中，教师与家长产生了意见分歧，此时，教师应尽量克制自己，尽最大努力做到不争辩、不大吼大叫、不冷嘲热讽，坚决不能违反职业道德。

40

教师与家长通话要注意哪些礼仪？

教师与家长之间经常会采取打电话的方式进行交流、沟通。作为教师一方在打电话、接电话过程中，要注意以下基本礼仪。

◇ 打电话的礼仪

给家长打电话前要做准备，将所要说的问题和顺序整理一下。这样打起电话来就不会啰啰唆唆或者忘记要点。

电话接通后应首先说："您好！"说话时要保持一种高兴的语气和声调，切忌冷漠无情。通话时间宁短勿长，一般限定在三分钟之内。通话内容要简明扼要，长话短说，直言主题，力戒讲空话，说废话，无话找话和短话长说。

交谈结束后，应客气地道上一声："再见！"切忌鲁莽地将电话直接挂断。

◇ 接电话的礼仪

接听电话时，一要做到接听及时。当听到电话铃响时（一般不应超过三声），便要拿起话筒说："您好，这里是……"接下来再用普通话询问和交谈，接电话时不要与其他人交谈、看文件或电视、听广播、吃东西。

如在会客或参加会议期间家长打来电话，可向其说明原因，表示歉意，如"对不起，我正在开一个很重要的会议，会议结束后，我与您联系。"接电话完毕，应谦恭地问一下对方："请问您还有其他事情吗？"然后再道声"再见"。

41

教师家访有哪些礼仪规范?

适时适度、恰到好处地进行家访,有利于教师与家长之间信息的交流与沟通,使双方都对学生有更全面准确的了解,从而相互结合起来更好地对学生进行切实有效的教育。在这一交往过程中,教师只有掌握了家访的礼仪,才能避免与家长产生误会和隔阂,从而与家长实现良好的沟通。

◇ 教师家访需预约并充分准备

在做家访的时候,教师最忌讳的就是以一个"不速之客"的身份出现在学生家长面前,因为突然来访会让学生家长感到很不舒服,所以最好做到事先预约,以征得家长的同意。通过预约可以使家访顺理成章,避免成为不速之客。

作为拜访者的教师在提出预约前应把家访的具体时间、目的等问题考虑详细周到,以免当学生家长问及时支支吾吾或信口开河。

如若学生家长拒绝拜访,要委婉地问学生家长何时有时间,何种情况下可以拜访;如遇学生家长确实忙,分不开身,则说:"没关系,以后再联系。"

预约的方式大致为电话预约、当面预约或书信预约。无论何种形式的预约,都要用客气的、商量的口吻,而不能用命令的口气要求学生家长,以免引起对方不快。

当家访预约得到学生家长肯定的答复之后，就要做认真的赴约准备。赴约准备充分与否，直接影响到家访目的的实现。一般情况下，赴约的准备包括以下几方面的内容：

一是服饰仪表要得体。穿着一定要整齐大方、干净整洁，要和自己的职业、年龄相称。还应注意仪表的修饰。

二是内容材料要详细。家访是有一定目的的交际活动，因此教师在家访前一定要根据家访的内容，把材料准备充分，还可以请任课老师一同进行家访，而且要围绕事先确定的目的进行。这样既可以有的放矢，又能让学生家长感受到教师的诚意与重视，从而进一步加强老师和学生家长之间的联系。

三是了解交通线路。一定要对家访的地点有所了解，特别是对自己首次去的地方，要提前了解一下交通路线，以免耽误时间。

如果确实由于特殊原因而不能按时赴约家访，一定要想办法通知学生家长，并诚恳地说明爽约的原因，并表示歉意。在致歉的同时还可提出重新安排家访的时间，并在家访时对上次的爽约做出解释，以取得学生家长的谅解。

◇ **掌握家访的步骤**

①确定家访目的，做好访问准备。

家访前教师首先应明确通过家访想了解什么，或告诉家长什么，做好充分的准备。比如，家访目的是汇报学生在校表现情况，教师就要对学生的近况进行综合分析，必要时还可以向各科教师具体了解。只有在家访前把情况了解得充分，才能在与家长交谈时把问题讲得确切有据，具有说服力。

②准时到达，按时赴约。

准时到达学生家中，是教师家访的基本礼节。这样，一方面可以避免到得早，家长没有做好迎接的准备，出现令家长难堪的场面；另一方面也不会因到得晚而让家长焦急等待。家访时按时到达，给学生家长一个守信、守时的印象，可以使双方的交流合作有一个良好的开端。

③礼貌登门，进行问候。

当教师到达学生家门口时，首先要整理一下自己的仪容，并把鞋面擦净，然后按门铃或叩门求进，表示对主人的尊重。叩门时要注意力度和节奏，不可用力太大、时间太长。到达时如果家门开着，也不可贸然进入，仍要按铃、叩门或询问一声，等家长发出"请进"的邀请之后方可进入。

进门后，首先要和学生家长握手、问好。如果有其他人在场亦应主动与他们打招呼，对老人可恭敬地问"老人家好"或"您老好"，对其他客人应简单地说声"您好"。如果大家互不相识，点头致意即可。问好之后，应在家长的安排下入座，不要率先入座、自行择座，或者在学生家长的座位上就座。学生家长递上茶水时，应双手接过并示以谢意。如果是年长者奉茶，教师还应起立并双手接过。

④做好家访记录。

教师家访的目的是全面了解学生的情况，以便就学生的综合表现与家长进行沟通，共同促进学生成长、成才。因此，教师在家访过程中要认真做好家访记录。家访记录的内容包括家访的目的、家访的内容和家访做出的决定等，用以检查家校合作的教育效果。

⑤拟订教育学生的措施。

教师通过家访与家长交换意见之后，应当与家长共同制订出教育学生的方法措施，要明确家长和教师的分工，以便密切合作。

⑥礼貌告辞。

拜访的话题已谈完，目的已达到时，就应起身告辞。与学生家长告别时，最好别让学生家长远送，应主动与学生家长握手道别，并向其说"您请回""请留步""再见"等礼貌用语。

◇ **做好家访记录**

教师在每次家访结束后，应该认真填写家访报告或做好家访记录。对家长们提出的合理化意见和建议，要及时反馈给学校。在校方采纳之后，要努力实施和完善。值得注意的是，每次家访之前，教师都应及时将时间和方案通知家长，使家访活动真正落到实处，家校合作更加紧密。

42

教师家访有哪些礼仪禁忌?

◇ 忌 "告状"

家访中，对家长谈学生在校表现、生活问题、思想状况等是必要的，但一定要讲究方法，切忌 "告状"，把问题都推给家长，逼迫家长对学生进行批评、责罚。

◇ 忌简单化

家访的根本目的在于教师和家长共同教育学生。所以家访时不仅应向家长说明情况，使家长既知其长，也知其短，尤其重要的是，还应就学生的思想动态、生理发展、性格特征等问题同家长一起分析研究，找出问题症结，进而能与家长一起制定出教育学生的具体措施和办法。

◇ 忌单一化

即只到后进生家中家访，认为学优生不需要进行家访。学优生往往是其他学生学习的对象，他们的一言一行对班内其他同学影响比较大，但是学优生也有学习、思想上的问题，也有自己的困惑。所以教师应正视这些问题，选择时机，也对学优生进行家访，以保证其本人与班集体共同顺利成长。

◇忌"临时抱佛脚"

即家访应做到未雨绸缪，看准苗头，把家访工作做在前，不要等学生的问题出来了，才想起家访，匆忙应付。而且问题已经出现，会给工作带来很大压力，也不利于学生健康成长。

43

开家长会时应遵循哪些礼仪要求？

家长会是学校、老师与家长沟通的最主要、最直接的方式，也是家长了解孩子在学校各方面表现的重要渠道。因此，一次成功的家长会对教师、家长、学生都有重要意义。在具体操作中要注意一些基本的礼仪，以达到更佳效果。

◇ 做好召开家长会的准备

家长会必须有备而开，否则很难达到预期效果。具体而言，应做好以下准备工作：

①确定主题。

家长会要有一个中心议题，不要不分主次。主题集中才容易解决问题，一味追求面面俱到，往往什么问题也解决不了。

②设计程序。

在开家长会之前，教师要做到心中有数，想清楚在家长会上说些什么以及家长发言的先后顺序等。

③做好欢迎家长的准备工作。

在家长会之前要给家长发出正式的邀请，郑重地邀请他们参与孩子的教育。邀请函应该包括会议的日期、时间、地点和回执，回执上写上家长的姓名、学生的姓名以及他们能否参加的答复。

④布置好教室，营造一个宽松友好的环境。

保证黑板报或公告栏的内容是最新的，在黑板上写上欢迎的话语；可以让学生在课桌上留下欢迎的字条给自己的家长，请家长坐在自己孩子的课桌旁；要留一块地方展示学生的作品或作业。

会场布置看似与家长会关系不大，其实很重要。良好的环境是开好家长会的前提条件。把环境布置好，可以创造良好的气氛，提升家长会的效果。

⑤做好发言准备。

开场先致欢迎词，然后介绍学校日常生活的概貌，包括管理方案、课外作业的办法、一年的学习计划等。感谢家长的参与，并让他们知道，他们可以就任何一个与孩子教育有关的问题与教师取得沟通。最后以积极、关切的语气再次强调双方合作的重要性。教师还可以征询家长的意见，充分激发家长在教育合作中的主动性。

◇遵守开家长会的基本要求

①服饰庄重，举止文雅。

与家长接触，教师的服饰宜庄重，举止应文雅，要能展现出亲和力和信任感。有的老师在开家长会时，因为得体的穿着打扮，文雅的举止，赢得了广大家长的信任和赞许，觉得把孩子交到这样的老师班上很放心。而有的老师穿着打扮前卫、珠光宝气；有的老师举止粗鲁，在讲台上坐没坐相、站没站相，不仅会给家长留下不好的印象，甚至会使其产生不信任感。

②与家长平等交流，友好协商。

教师应明确家长与教师之间，是一种平等的教育伙伴的关系，要尊重每一个学生及其家长。在家长面前要亲切自然，温文尔雅，不能以一种居高临下的态度对家长讲话，指责或影射家长的不是，甚至训话。教师只有以礼相待，以理服人，谦虚谨慎，平和真诚，家长才会与教师携手配合，共同促进学生的进步、成长。

③多给家长发言的机会。

开家长会时，教师应把家长视为客人，在家长面前，切忌用给学生上课的口气讲话。对于个别违纪的学生应单独与家长会面，要商量帮教措施，避免在大庭广众下点名批评，给家长难堪，造成尴尬局面。只有以诚相待，才能赢得家长的尊重，才能把家长会开成"知无不言，言无不尽"的交流会。

④多表扬，少批评，保护家长的自尊心。

教师在向家长介绍学生情况时，要坚持一分为二，不能过早下结论或结论过于武断。每个孩子都是家长的希望，每位家长听到孩子的点滴进步都会为他而高兴。因此，教师要在家长会上传达出更多的鼓励和赞扬，批评的话语尽量委婉。对学优生要指出其不足，对后进生要指出其优点。

⑤重视会后反馈。

对家长会上搜集的信息要及时分析、认真处理，有关意见的处理结果，尽可能及时反馈给家长，以增强家长对学校和教师的信任。

第八章

学好学生礼仪，
塑造优秀青少年

对广大学生来说，校园和家庭的生活就是一个大课堂，每一个与别人接触和交往的机会都是实际锻炼、培养礼仪的机会。因为要融入社会，与他人交往，都要讲礼貌、懂礼仪。

礼仪看似只是一些细节，表现得失礼却能让一个人失去很多。青少年学生从小学习和掌握礼仪常识，不但能够使自己学会自尊自爱、尊师敬老，而且能够让自己从小懂得热爱祖国、遵纪守法，日常行为更加规范，在今后的成长道路上，使自己成为知书达礼、真正适应祖国需要的人才。

44

学生礼仪的基本含义和内容是什么？

学生礼仪，是指学生在校园交往和活动时应该共同掌握和遵循的社会行为规范。它是社会主义精神文明建设的重要内容之一，是社会公德的具体体现，每一个同学都应该自觉遵守。

◇学生的形象礼仪

形象是一个人文明教养的展示，良好的外在形象可以反映出当代青少年学生的个人修养、文明程度和精神面貌，一个仪容整洁大方、行为有礼有度的学生，方能使人相信其是一个思想健康、积极向上的阳光少年。因此，学生一定要注重自己的外在形象。

◇学生在课堂学习与课外学习的礼仪

学生在校园里最主要的活动便是学习，这也是青少年成长中至关重要的一个环节。学生要想取得优异的成绩，不仅要在知识积累、课业钻研方面下功夫，同时也要注重掌握学习的方法，遵守学习的礼仪。只有讲究礼仪规范，才能成为一个文明有礼的青年学生，才是祖国现代化建设所需要的人才。

◇学生的社会交往礼仪

在学校里，学生的主要交往对象就是自己的同学和老师。古语说："独学而无友，则孤陋而寡闻。"如果一个学生不与同学和睦相处，不与老师建立友善的关系，他在学习生活中是很难一帆风顺的。因此，当代青少年在学习之余，也要注重人际交往。

45

学生学习学生礼仪的重要意义是什么？

今天对青少年进行学生礼仪的教育，具有深远的意义。

◇ 弘扬我国优良的礼仪文化传统的客观需要

我国的礼仪文化有着完整的体系和丰富的内容，前人给我们留下了宝贵的礼仪文化遗产。几千年来的礼仪实践，在我国积淀了丰富的礼仪文化成就，并对世界文化特别是中国周边国家的文化产生了深远的影响。作为炎黄子孙，我们有责任、有义务将之继承并发扬光大。

◇ 促进青少年全面发展的成长需要

对于正在成长的青少年学生来说，待人处事是人生最关键的一门功课。通过对广大青少年学生进行礼仪教育，教会他们待人处事的一般原则，培养他们乐观、豁达、健康的心理素质，训练他们善于合作、热心参与、善于交往、善于应变的能力，提高他们的人文素质，为他们将来走向社会更好地发挥才能，得到更多的成功机会创造条件。

◇ 适应素质教育和精神文明建设的内在要求

素质教育要求学生在德、智、体、美、劳各方面都得到全面发展，而德育放在首位。礼仪属于德育范畴，又深寓着美育教育，是德育中的基础教育。它从人类最基本的行为入手，教会人们在规范自身行为的同时，培养高尚的道德情操。所以说，礼仪教育是德育教育，是实实在在的精神文明建设，是学校实施公民道德建设，培养"爱国守法、明礼诚信、团结友善、勤俭自强、敬业奉献"的有高尚道德情操的合格公民的重要途径。

46

学生培养礼仪修养的重要途径有哪些？

在现实生活中，知礼、守礼、行礼的人会赢得别人的尊敬和信任，反之，无礼、失礼的人往往为社会所唾弃。作为当代青少年学生，更应从小注重礼仪修养。学生良好的礼仪修养，不是天生的，要通过后天的勤学苦练自觉养成。学生的礼仪规范不仅是一种外在的行为表现形式，还与人内在的道德、文化和艺术修养密切相关，是其内在的道德、文化和艺术修养的反映和折射。因此，培养广大青少年学生的礼仪修养，要遵循正确的途径，掌握有效的方法。

◇ 广泛阅读，使自己博闻多识

加强文化艺术方面的修养，对提高学生礼仪素质大有裨益。而文化艺术修养水平的提高可以大大丰富礼仪修养的内涵，提升礼仪品位，并使礼仪水平不断提高。

一般来说，讲文明、懂礼貌、有教养的人大多是科学文化知识丰富的人。这种人逻辑思维能力强、考虑问题周密、分析事物较为透彻、处理事件较为得当，在人际交往中能显示出独有的魅力而不显得呆板。因此，只有自觉地提高文化修养水平，增加社交的"底气"，才能使自己在与人交往中彬彬有礼。

我国礼仪文化源远流长，古代、近代、现代的典籍均载有浩繁的有关礼仪的知识，青少年学生有必要注意搜集、整理、学习和领会，以便在实践中运用，久而久之，能使自己的礼仪修养提到新的高度。

◇ 加强艺术修养，提升审美品位

艺术是通过具体、生动的感性形象来反映社会生活的审美活动。艺术作品蕴含着丰厚的民族文化艺术素养，更凝聚着艺术家的思想、人生态度和价值取向。青少年学生在欣赏艺术作品时，会受到民族文化的熏陶，倾心于艺术作品所描绘的美的境界之中，获得审美的陶醉和感情的升华，思想也得到了启发，高尚的道德情操和文明习惯就会培养起来。因此，要有意识地、尽可能多地接触内容健康、情趣高雅的文化艺术，如文学、音乐、书法、舞蹈、雕塑等作品，它们对青少年学生提高礼仪素养大有裨益。

◇ 注重道德修养，提高思想境界

"有德才会有礼，无德必定无理，修礼宜先修德。"在现实生活中，为人虚伪、自私自利、斤斤计较、唯我独尊、忌妒心强、苛求于人、骄傲自满的人，对别人不可能诚心诚意、以礼相待。因此，只有努力提高道德修养，不断地陶冶自己的情操，追求至善的理想境界，才能使人的礼仪水平得到相应的提高。

◇ 贵在实践，自觉践行学生礼仪

学习礼仪要重在实践。一个人的礼仪只能在言行中反映出来，不说不动就不能反映出某个人懂不懂礼仪，每个人都要在理解礼仪要求的基础上，敢于在日常的言行中、平时的待人接物中展现自己文明有礼的形象。一些学生平时也知道要讲文明、懂礼貌，但在公共场合或遇到不是很熟悉的人时，其礼仪规范就无法发挥，这是他们缺乏自信的表现。学生在应用得体的礼仪言行的同时，也要敢于展示一个有礼、自信、文明的自我，并且充分利用各种场合、机会去表现这一点。

青少年学生仅仅从知识上懂得礼仪的含义和内容，而不在实践中运用是远远不够的，礼仪修养关键在于实践。修养，既要修炼又要培养，离开实践，修养就毫无意义。

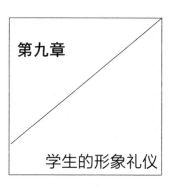

第九章

学生的形象礼仪

　　学生的形象礼仪包括仪容礼仪、着装礼仪、行为举止礼仪三方面。仪容仪表展示着个人的精神风貌，行为举止反映着人的文明素质。青少年学生要树立良好的形象，展现自己的个性之美，就必须要讲究自己的仪容，注意着装得体，端正自己的行为举止。一个仪容整洁、着装得体、行为有礼、举止文明的学生，一定是个积极向上的阳光少年，会受到老师、同学和其他人的欢迎。

47

学生仪容礼仪的基本要求是什么？

仪容是一个人文明教养的展现，靓丽青春需要从讲究仪容礼仪开始。当代青少年学生，很多人爱美却不得要领，想美却不知礼仪。只有学会掌握并运用仪容仪表的礼仪规范，才能充分展现自我的个性之美与优雅得体的文明素养。

◇ 追求自然、协调的仪容美

青少年学生既要心灵美，也要外表美。青少年学生的仪容美，应做到自然、协调、美观。自然是仪容美的最高境界，它使人看起来真实而生动，不是一副呆板生硬的面具。

仪容的协调包括以下三个方面：一是全身协调，即脸部仪容与发型、服饰相协调，力求取得和谐的整体效果；二是角色协调，针对学习和生活中扮演的不同角色，对仪容进行不同的装扮；三是场合协调，即仪容、发型与所在的场合气氛要一致。

青少年学生要使自己的仪容达到协调自然、美观大方，有必要根据自己的特点，进行恰当的整理与修饰，做到"内正其心，外正其容"。在仪容的修饰方面要注意以下几点：

①仪容应当干净、卫生。

要勤洗澡、勤洗脸，脖颈、手都应干干净净，指甲要常剪，头发按时理，不得蓬头垢面，体味熏人，要勤换衣服，保持个人卫生的同时，也要注意个人物品的干净、整洁和卫生。

②仪容应当整洁。

要使仪容整洁、清爽，重在持之以恒，不能有时候清爽大方，有时候邋遢不堪。

③仪容应当简约。

修饰仪容，忌讳标新立异，尤其是青少年学生，应当符合学生的身份特征，简练、朴素最好。

◇ **选择合适自己的发型**

头发整洁、发型大方是个人礼仪对发式美的最基本要求。无论男女学生，只要所选的发式与自己的脸型、肤色、体形相匹配，与自己的气质、身份相吻合，就是合适的发式。决定发式美的许多因素是个人无法随意改变的，学生通过对不同发式的选择，可以充分展现自己健康积极的精神状态，从而起到扬长避短的作用。

①发式选择要符合学生身份。

青少年学生的发式应自然、简约、整洁，显示出青少年学生朝气蓬勃的精神状态。

发式必须符合学生身份和性别特征。

男女生头发均应干净整齐。不应过度烫发或将头发染成夸张奇怪的颜色。不要模仿各种古怪造型。

男生不留长发，不剃光头，不蓄胡须。

女同学以短发或者束发为宜。这样可给人一种清新、活泼之感。

中学生们每天都会有一定的运动量，应该勤洗头。

不要过度使用发胶、发蜡等，特别是不干净的头发。

②发型选择要扬长避短。

比如说留刘海，能突出你漂亮的眼睛。但是如果你有非常好看的前额，还是梳起来的好——这样可以让别人看到你的前额。最简单的方法是你可以对着镜子看一看，想一想，究竟是长一点儿好还是短一点儿好，是有刘海好看还是露前额好看。

选择合适的发型也是一门学问，合适的发型可以展现青少年积极向上的精神面貌，应该按照自身的条件去选择发型，而不是一味地追赶潮流。

48

学生在校应该如何着装？

◇在校着装要规范，多穿校服

学校是一个严肃的场合，学生穿着随便是对教师和学术殿堂的不尊重。学生在校注重着装规范，对今后他们踏上社会也有利。

青少年学生的穿着必须符合学生的身份。校园给人的感觉是自由而快乐的，但这并不代表可以不将着装礼仪放在心上，胡乱穿着。切不可忘记自己学生的身份，穿着得体才是最关键的。

从实际的教育实践来看，校服是绝大多数学生的首选：

其一，校服可以使学生在身份感上区别于社会其他人，因而对学生自身有了约束力，比如在遵纪守法、讲文明讲礼貌等方面，校服都可以对学生起到内在约束的作用。

其二，校服还可以产生一种平等感。因为学生们的家庭收入状况很不一样，如果一个学校的学生能穿一样的服装，那么同学相互之间的差别感就会缩小，容易形成一种团结、合作、相互尊重的氛围。这对培养学生艰苦朴素的品质、避免攀比之风在校园里出现都有积极意义。

其三，校服还有教育的功能。学生穿校服对于推进校园文化建设是非常有益处的。统一的穿着对学生有教育的功能，比如说培养学生的团队精神。

其四，穿校服对学生还有一种保护的功能。无论是在何种场合，学生都是社会上人们优先保护的对象之一。

学生着装应遵循大、中、小学生日常行为规范，穿戴要整洁、朴素、大方。对鞋袜要像对衣服一样重视，不能身上整洁而鞋袜脏污，平时穿鞋不要随便拖沓。

◇牢记学生着装的六大禁忌

青少年学生着装最基本的礼仪要求是庄重、大方、整洁。一般而言，青少年学生着装有以下几忌：

一是忌脏。即忌懒于换洗衣服，使自己的衣服皱巴巴。

二是忌露。即不宜过多地暴露躯体部位。在校园中以及比较正式的一些场合，学生不宜身穿露胸、露肩、露背、露腰以及暴露大腿的服装。

三是忌透。即外穿的衣服不能过于单薄透明。

四是忌短。即不能穿着过于短小的服装，不应将肌体部位暴露出来。

五是忌紧。即不宜穿着紧紧地包裹着自己身体的服装。

六是忌怪。即忌着装过分怪异奇特。

49

学生的行为举止礼仪有哪些要求？

　　行为姿态是一个人礼仪修养的体现，一个人的文明程度，必然反映在他的行为姿态上。学生时期，正是为未来人生打基础的关键时期。每个学生从小就自觉以礼仪规范自己的行为举止，在校园学习和生活中表现出良好的文明修养，是今后走上成才之路必需的素质培养基础。

◇站姿挺拔，线条优美

　　站立是青少年学生在日常学习中和参加学校活动时的一种基本举止。站立时，相应的礼仪规范是应头正颈直，双眼平视前方，嘴唇微闭，下腹微收，挺胸直腰，双肩保持水平，两臂自然下垂，手指并拢自然微屈，腿膝伸直，脚跟并拢，两脚尖张开夹角 45°，身体重心落在两脚之间，给人以一种挺、直、高的美感。

　　青少年学生站立时应克服不雅的立姿，包括站立时弯腰驼背、身体倚门靠墙或靠柱、左右摇晃、歪头斜脖、撅臀屈腿、双脚交叉、叉腰斜立等。不雅的立姿给人以懒惰、轻薄、乏力、不健康的印象。

◇坐姿端正，安安稳稳

　　坐姿通常能够表达、传递一定的信息，人的坐姿不同，所表达的意义或所展示的思想情感就存在着差别。作为青少年学生，还要注意一些不规范、不礼貌的坐姿。

在比较严肃的场合，应当注意采取正规坐姿，通常是身体挺直、双脚并拢或略微分开，双手自然放在膝盖或椅子扶手上；在比较随意的场合，坐姿也可以随便一些，如脚可以交叉叠放，手的位置也可以随意一些，上身可保持正直或稍微前倾，双脚不宜过于前伸，在无桌子或其他物体支撑的情况下，可以以肘撑膝，手托下巴，但要注意身体不要逐渐放松下落；若坐在有靠背的椅子上，则应该坐在椅座中后部，腰背要自然地靠在椅背上。

要注意避免不规范、不礼貌的坐姿，如骑跨椅子的坐姿。这种坐姿经常给人一种放肆的印象，因而是一种十分消极的身体语言。上身不直、左右摇晃或猛起猛坐，弄得桌椅乱响往往显得修养不够。"4"字型叠腿，并用双手扣腿，不断地晃动脚尖常常显示出的是过于傲慢、目中无人。双腿分得太开、跷二郎腿、腿伸得太远也是不雅观的坐相。

◇行姿优雅，自然和谐

行姿是人体所呈现出的一种动态，是立姿的延续，是展现人的动态美的重要形式。

有些青少年学生由于不重视步态美或由于生理原因，逐步形成了一些不规范的步态：或摇头耸肩，左右摇动，或弯腰弓背、步履蹒跚，等等，都需要注意纠正。正确的行姿可表现青少年学生朝气蓬勃、积极向上的精神状态。正确的行姿应以正确的站姿为基础。

什么是正确的行姿呢？规范要求是：上身挺直，头正目平，收腹立腰，摆臂自然，步态优美，步伐稳健。

青少年学生行走时，应上身挺直，头部端正，下颏微收，两肩齐平，精神饱满，表情自然。左脚起步时身体向前方微倾，走路要用腰力，身体重心要有意识地落在前脚掌上。行进时步伐要直，两脚应有节奏地交替踏在虚拟的直线上，脚尖可微微分开。

迈步时不要送胯。双肩平稳，以肩关节为轴，两臂前后自然协调摆动，手臂与身体的夹角一般在10°～15°，摆幅以30°～35°为宜。

行姿也是一种身体语言，走路时的步幅、步速、步态，都能反映出一个人的性格特征、心理状态，所以青少年学生走路时要讲究行姿，显得自然优美，有节奏感。

◇手势规范，注意场合

人的手势，可以表达一定的信息、思想甚至感情。对青少年学生来讲，手势的应用主要应注意以下三点：

一是手势规范。手势在正式场合运用时，应当合乎标准和惯例。

二是尽量少用。在校园及各种活动中，应当表现得含蓄稳重，青少年学生若手势用得太多，动作幅度过大，就会给人以夸张的感觉，显得不够稳重，故作姿态。

三是不可滥用。不加节制地、无意识地乱用或滥用手势，既有可能让人产生反感，也可能会给别人留下装腔作势、没有涵养的印象。

青少年学生宜在常用挥手的方式向别人表示自己的问候、致敬、感谢。当你看见熟悉的人而又无暇分身的时候，就举手致意，可以立即消除对方的被冷落感。挥手时要掌心向外，面对对方，指尖朝上，而且千万不要忘记伸开手掌。

有些手势会令人反感，严重影响形象，比如当众搔头皮、掏耳朵、抠鼻子、咬指甲、手指在桌上乱写乱画等，青少年学生要注意避免使用这些手势。

◇微笑真诚，合时适度

微笑应是发自肺腑、发自内心地笑，应该笑得真诚、适度、合时宜。

微笑不仅在外表上能给人以友善之感，而且还可以最真实地表达自己的热情，甚至能够打破僵局，产生巨大的感染力，以影响交往对象。把真诚友好的微笑贯穿于青少年学生日常交际活动的全过程，是对青少年学生礼仪的基本要求。

微笑虽然是人们交往中最有吸引力、最有价值的面部表情，但也不能随心所欲，不加节制，想怎么笑就怎么笑。微笑的基本特征是齿不露、声不出，既不要故意掩盖笑意、压抑喜悦影响美感，也不要咧着嘴哈哈大笑。笑得得体、笑得适度，才能充分表达友善、诚信、和蔼、融洽等美好的情感。

微笑是"世界通用语言"，但也不能走到哪里笑到哪里，见谁都笑。微笑要适宜，比方说特别严肃的场合，不宜笑；当别人做错了事、说错了话时，不宜笑；当别人遭受重大打击、心情悲痛或痛苦时，不宜笑。微笑要注意对象，两人初次见面，微笑可以拉近双方的心理距离。

◇举止文明，禁忌勿忘

青少年学生的举止行为要做到文明、端庄、自然、大方、稳健，给人一种美的享受，就要注意在日常学习生活中的一些禁忌。

①勿随手乱扔垃圾。

在大街上我们常常看见有人随手把瓜果皮或纸屑等扔在地上，这是应当受到谴责的不文明的举止之一。

②勿随地吐痰。

随地吐痰是非常没有礼貌而且绝对会影响环境、影响他人身体健康的行为，因为吐痰是最容易直接传播细菌的途径。

③勿当众打哈欠。

在他人面前打哈欠，给对方的感觉是：对他们谈话没有兴趣，已感到很不耐烦了。如果在大庭广众下控制不住打哈欠，一定要马上用手遮住自己的嘴，并和对方说："对不起。"

④勿在公共场合抖腿。

有些人坐着时会有意无意地双腿颤动不停，或是让跷起的腿像钟摆似的来回晃动，而且自我感觉良好，以为无伤大雅。其实这是不文明的表现，也是不优雅的行为。

第十章

学生的课堂学习
与课后活动礼仪

　　学习是学生生活中最主要的内容，也是青少年成长中最重要的任务。无论是课堂学习还是课外学习，要想取得优秀的成绩，不仅需要勤奋用功，专心致志，掌握学习方法，而且还需要在各项学习活动中讲究礼仪规范。讲究礼仪规范，不仅对提高学习效率大有帮助，而且对学生的人生成长同样大有益处。

50

学生在上课前应做哪些准备？

学生提前做好准备，按时上课，既是对教师的尊敬，也能为本节课取得良好的教学效果奠定一个好的基础。

在听到两分钟预备铃响以后，在教室外活动的同学应立即进入教室。不能因留恋正在进行的户外活动而对预备铃声听而不闻。

进入教室后，学生应马上在自己的位置上就座，并迅速地拿出这节课要用的课本、笔记本和其他文具，在课桌上摆放整齐，静候老师的到来。

如果铃响之后，学生们还跑进跑出，教室里乱哄哄的，一片嘈杂，不仅会影响老师上课的情绪，学生自己也不能迅速进入状态。

正式的上课铃声响过之后，老师走进教室，在讲台前站定。

老师示意上课后，班长或值日生要喊"起立"，全班同学迅速起身立正，双眼注视老师。老师喊："同学们好！"同学们喊："老师好！"

老师向同学们回礼并示意大家"请坐"，同学们轻轻落座，恭听老师讲课。

有时候，学生确实会遇到特殊情况，只好在上课后才进入教室。这时候，因事迟到的同学不能"破门而入"，应先在教室门外喊"报告"或敲门，待老师允许后再进入教室。回座位后，尽量不要发出声响，更不能为了掩饰自己的窘况，故意做出惹人发笑的举动。坐下之后，取出课本和笔记，然后迅速集中精力听讲。

51

学生在课堂上有哪些礼仪要求？

◇ 专心致志听讲

课堂上，只有高度集中注意力，才能跟上教师的思路，抓住知识的重点，促进理解与吸收。而注意力不集中则会使课堂效率降低。听课时，眼睛要盯着老师的板书；教师讲解时，眼睛注视着教师的动作与表情；思想上与老师保持一致，紧跟着老师的感觉走，然后全神贯注地边听、边思、边记。这些都是要指导学生学会听课必须做到的最基本要求。

要提高学习效率，专心听课，学生应从以下几个方面入手：

①端正课堂学习的态度。

学生一旦产生了渴求知识的欲望，那种课堂厌学的情绪也就不复存在了。同时它还会促使学生从各学科学习的需要出发，听好每一节课，学好每一学科，而不会只从兴趣出发去听课和学习。即使有时遇到棘手和枯燥无味的学习问题，也会调动意志的力量，以强烈的求知欲去控制自己的注意力，进而专注地完成课堂学习。

②尽快进入学习状态。

上课的铃声一响，学生就应迅速进入学习的积极状态。利用从预备铃声到正式上课的两分钟时间，学生可以回忆与本节课衔接的老师讲过的上节课内容，也可以回忆预习课文的思路和没有解决的问题。由于一上课就回忆和思考迫切需要解决的问题，自然会很快进入角色。

③全神贯注地听课。

有的孩子以为上课只要人进了教室，并且还做了课堂笔记，那就是参与课堂学习了。实际上这只是在外表形式上参与了课堂学习。少数学生在课堂上神情飘忽、东张西望；或者人虽端坐，却呆若木鸡，面部毫无表情；一些学生还可能上课做小动作、玩东西、讲话、传纸条、和邻座的同学挤眉弄眼、给老师或同学画肖像，等等。这些都是最为典型的人在课堂而心不在课堂。

专注是学习和思维活动中的一种重要能力，人只有在专注时才能进入最佳学习状态，思维才能高度活跃、敏捷。因此，学生在课堂上应排除一切干扰，克服不良习惯，全神贯注地听好每一节课。

④做到听和讲的同步。

每堂课的教学内容、进度是教师根据教学大纲的要求在课前就已经拟定好的。学生听课的过程中出现问题，若不能当即提问解答，可以先放下（如在有关问题的笔记处打"？"），继续听后面的问题。切忌死死纠缠着某一问题一个劲儿地往下想，结果中断了听课的连续性，造成一步掉队、步步跟不上，应使自己的听与教师的讲同步。至于遗留的问题，可以在之后找适当的时候课内提出，或在课后与老师、同学讨论来求得解答，有的时候前面遗留的问题会在后面的听课中自动解决的。

◇ 遵守课堂秩序

遵守课堂纪律是对学生最基本的礼仪要求。作为学生，应该在课堂上控制自己的一言一行，懂得尊重老师的劳动，尊重别的同学接受教育的权利。

然而，上课遵守纪律却常常被一些学生忽略。有的学生甚至把在课堂上公然违反纪律当作是自己个性的一种体现。其实这些学生在放纵自己的同时，也在伤害老师的心。

一位小学语文老师讲："现在有的学生很聪明，领悟能力强。上课自己听懂了，就开始不遵守纪律，一会儿和旁边的同学说说话，一会儿又接接老师的话茬儿，老师除了要把课讲好外，还要花费许多心思用在维护课堂纪律上，有时候真觉得力不从心。更重要的是，课堂纪律不好会严重影响讲课的质量。"

另一位中学数学老师也说："有些时候老师在讲台上正讲得投入，学生却在底下开起了小会，不知是在讲笑话还是在干什么，逗得周围同学哈哈大笑，完全不把老师放在眼里，每当这时候。我讲课的激情一下就全没了，感觉自己受到了伤害。"

学生要做到遵守课堂纪律，必须做到以下几个方面：

首先，上课铃声一响，学生应端坐在教室里，等待老师上课，当老师宣布上课时，全班应迅速肃立，向老师问好，待老师答礼后，方可坐下。学生应当准时到校上课，若因特殊情况不得已在老师上课后进入教室，应在得到老师允许后，方可进入教室。

其次，在课堂上，要认真听老师讲解，注意力集中，独立思考，对重要的内容应做好笔记。当老师提问时，应该先举手，待老师点到你的名字时才可站起来回答。发言时，身体要立正，态度要落落大方，声音要清晰响亮，并且应当使用普通话。

再次，听到下课铃响时，若老师还未宣布下课，学生应当安心听讲，不要忙着收拾书本，或把桌子弄得乒乓作响，这是对老师的不尊重。下课时，全体同学仍需起立，与老师互道："再见。"

52

学生如何适应不同教师的讲课方式？

每一位教师都有自己的性格特征，这种特征在很大程度上决定了他采取一种什么样的讲课方式。不可能每一位教师都采取同一种讲课方式，而一位教师的讲课方式也绝对不可能适合每一个人。所以，学生必须对各科教师做到熟悉和了解，适应他的讲课特点。这样，听讲的时候，才能有效地沟通，提高学习效率。

以下介绍三种类型的教师讲课方式及学生的应对方法。

◇ 听"口若悬河型"的教师讲课：宜事先抓重点

口若悬河型的教师讲课，一般可以分为两种：一种是以教科书的内容为主；另一种是以自己的备课笔记为主。但两者的共同特点都是讲起课来滔滔不绝，几乎不给学生思考的时间。

以教科书的内容为主的讲课，全部内容都在书本里，因此有的学生听起课来就不太认真，觉得听不听教师讲课都无所谓，反正都在书本上，自己一翻就什么都知道了。于是出现了这样的两种现象：一种是教师在课堂上讲，学生自己在底下看；另一种是教师在讲这一学科，学生在教科书的掩护之下，偷偷地学别的学科。这样造成的结果就是学生对教师持不屑一顾的态度，对于该掌握的知识往往掌握不了。

对于以自己的备课笔记为主的讲课，大部分同学的注意力和精力都会集中在记课堂笔记上。但教师在讲课过程中，也加入了不少自己总结归纳的东西。如果指专注于记笔记，虽然细节都记得清清楚楚，但是却往往抓不住重点。

为了适应以讲授教科书内容为主的教师，学生首先要做的就是端正态度。事先必须下一番功夫做好课前预习，对这堂课将学习什么内容，哪些是重点，哪些是非重点，做到心里有数。这样，在教师讲解的时候，适当地做些笔记就可以了。适应以讲授自己备课笔记为主的教师，同学们可以自己事先选购几本有关的参考资料，在课前进行预习，对于即将要讲的内容有个大致的了解。如果时间允许的话，还可以将参考资料上一些自己认为比较重要的知识摘录到笔记本上，然后和教师所讲的进行对照。

◇ 听"脱轨型"的教师讲课：要先细啃课本

脱轨型教师讲课是指越讲越偏离主题，以至于到最后跑得没边没沿，和所学内容一点儿都沾不上边。

听这样的讲课，学生往往不会觉得课堂枯燥无味，因为教师脱离课本，讲些让大家感兴趣的东西，甚至会引得同学们笑声不断。可是在笑过以后，下课了，就会发觉大脑里一片空白，这一堂课其实什么东西也没有学到。

遇到这样的教师讲课，许多学生的学习往往不见效率。如果能做到无论教师偏离主题多远，学生仍旧围绕中心运动，结果肯定就大不一样了。学生首先应该做到在预习的时候详细地阅读课文，抢先一步，提前对教师即将要讲的内容有个大致的了解。这样，无论教师脱离主题有多远，也都能清醒地把握住自己，知道自己在这一节课到底需要掌握一些什么知识内容。这样，学生就可以变被动为主动。

◇ 听"飞弹型"教师讲课：要转守为攻

有的教师上课偏重于提问，这种教师可以称为"飞弹型"教师。

飞弹型教师在讲课中的提问可分两种形式，一种是按着点名册上的顺序进行"地毯式"的轰炸；另一种就是采用"突击式"，冷不丁地提问某个学生，让学生防不胜防，更无从做准备。

对回答不上问题的学生，有的教师会微笑着示意其坐下，有的或许会随口批评几句。被教师提问，却又回答不上来，这被许多学生视为是丢面子的事情，觉得自己很无能。因此，有许多学生一遇到这样的教师上课就胆战心惊，生怕自己被提问到。

学生在课堂上有这种心理，就必然会影响到听课的效率，因为学生的大部分精力都在思考老师要是提问到自己怎么办，怎么能集中思想听课？

教师提出问题，答对答错这并不是最重要的，没有哪一个人能保证自己回答得永远正确，错了又何妨？学习过程中是允许人出错的，答错问题不需要有心理负担。主动回答问题，这不仅是增加自己的锻炼机会，也是在储备实力。

53

学生做课堂笔记有哪些礼仪规范？

好头脑不如烂笔头。课堂笔记对巩固知识、锻炼记忆有很大帮助作用，做笔记要注意记的时机和方式，不要只强调记得"漂亮"，更不能抄别人的笔记。

做课堂笔记是一个很重要的学习技能。做笔记能充分调动耳、眼、手、脑等器官协同工作，可以有效地帮助学习。要做好课堂笔记，应注意以下几点。

◇ 备足笔记本

学期初便应准备十多个较大的活页笔记本，保证每一科目至少有一个笔记本。不同科目的笔记本，大小可略有不同，但须保证笔记本的纸张充足。

◇ 做详略得当的提纲式笔记

做笔记不是要将所有东西都写下，我们需要的只是"详略得当"的提纲式笔记。课堂笔记，最详可逐字逐句，有言必录，最略则寥寥数笔，提纲挈领。做笔记通常在这两种极端之间，笔记的详略要依下面这些条件而定。

①讲课内容——对实际材料的讲解课可能需要做大量的笔记。

②对讲授的主题是否熟悉——越不熟悉的学科，笔记就越需要完整。

③所讲授的知识在教科书或别的书刊上是否能够很容易看到——如果很难从别的来源得到这些知识，那么，就必须做完整的笔记。

做提纲式笔记因不是自始至终全都在埋头做笔记，故可在听课时把时间更多地用于理解所听到的内容上。事实上，理解正是做好提纲式笔记的关键。

◇ 科学分配注意力

分配听课时的注意力可分为三种方式：

①把全部注意力放在做记录上。这时，记忆退居次要地位，听课几乎变成了听写，这样听课必然导致对很多问题缺乏理解。

②用 50% 的注意力听教师讲解，用 50% 的注意力做记录。这样做，学生会理解并记住大部分内容。

③用 90% 的注意力集中听讲，并积极动脑思考，只用 10% 的注意力做简要的笔记。也由于这个原因，我们主张学生在听课的时候记提纲式笔记。

◇ 层次分明，一目了然

好的笔记让人一看就知道这一节课解决了哪几个问题，重点是什么，难点是什么。这就要求记录内容一定要有条理、有层次，分段分条记录，不要将几个问题混杂在一段文字中。

◇ 多留空间

不要吝啬纸张，每页的上下左右，都要留适当空间，以便温习时加上自己的心得、疑问或者其他补充资料。此外，绘图要大而清楚，论点之间要有充足的空位，以增强笔记的"视觉效果"，便于温习。

◇ 准确记录

知识的第一印象很难改变。实验研究证明，一个学生在首次记录中发生错误，即使以后给他正确的信息，他也很难改正原来的错误。所以，做笔记时，资料一定要正确，比如抄板书时就要小心，不要有错漏。此外，下课后要尽快翻阅笔记，将不明白或不肯定的部分加上记号，并请教老师，及时补正。

◇ 整理笔记

课堂笔记要尽快整理，使要点突出，这对巩固知识十分重要。笔记的充实整理包括两点：一是把课堂上漏记或记错的内容补充上去或改正过来；二是理清纲目，突出重点、难点，用概括性的语言将本节学习的内容串联起来，使笔记成为一份经过自己提炼加工的、深化的和系统化的复习材料。

54

学生参与课堂讨论应注意哪些礼仪？

积极参与课堂讨论，是活跃学生思维的有效方式，还能使学生体验到课堂学习的乐趣。学生一定要珍惜讨论的机会，不做局外人，不自我封闭，自觉参与到小组讨论或全班讨论之中。

◇ 积极参与课堂讨论

课堂上，我们常常会发现一些学生在回答问题或参与讨论时态度冷漠，对提问与讨论无动于衷或答非所问，思维进程总是落后于别人。要想在课堂上取得好的学习效果，就要积极地参与课堂讨论。有经验的教师一般是不会把问题讲得非常明白透彻的，而是要学生们自己去探索，这样得出的结论才能够印象深刻。课堂讨论就是其中一种很有效的办法，深受教师和学生们的喜爱。一位学生提起课堂讨论就禁不住眉飞色舞地说："积极参加课堂讨论使我真正自觉地融入课堂中去，感觉自己成了学习的主人，学习效果特别好。"

因此，学生应积极地参与课堂讨论。不管参与哪种类型的讨论，都要做好充分的准备。准备时要注意以下几点：

① 查看课程表，看看明天学的都是哪些课程，做到心中有数。

② 预习课本，找出不理解处，做好标记（可标在课本上，亦可记在笔

记本上）。

③先分析一下课本的重点内容，并记在笔记本上，当参与讨论时把自己的分析与别人的分析进行比较。

④讨论的问题如果较多，可按重点问题的先后顺序排列，自己先试想一下解答问题的顺序、方法，记在笔记本上，做到多而不乱。

◇课堂讨论要讲礼貌

学生在课堂讨论中要有礼貌，禁用过激言辞，发言要清楚明白，有条理，力求言之有据，使人心悦诚服。参与课堂讨论，回答问题，对于学生是一个很好的锻炼机会。答对了，得到老师和同学们的肯定和鼓励，加深印象，有利于知识的巩固；答错了，经过老师的指点和同学们的修正补充，有利于学生的进步。学生要大胆发表自己的见解，只要言之有理，相信老师和同学们是会欢迎的。

教师一提出议题，就要立即开动脑筋，积极思考，打好腹稿，准备发言。如果议题较大，可以先写出发言提纲，把要点列出来。这几种准备，并不是一成不变的，可根据自身情况灵活运用。

55

学生下课与课间活动有哪些礼仪规范？

课间休息的时间只有十分钟。就是在这短短的十分钟里也有很多礼仪要求。课间活动要文明高雅、相互谦让、注意安全，还要留够充足的时间给下节课做准备。

◇有序下课，不争不抢

听到下课铃响时，若教师还未宣布下课，学生应当安心听讲，不可着急收拾书本，或把桌子弄得乒乓作响，这是非常不礼貌的举动。下课时，全体同学仍需起立，与老师互行注目礼，然后说"老师再见"，待老师离开教室后，学生方可离位。如果看到老师讲台上有作业本、地球仪或其他教具，课代表或其他同学要主动上前，帮助老师一起送回办公室放好。若有其他老师前来听课，待听课老师离开教室后，学生方可离开。

走出教室的顺序应该是老师先行，至少是当学生与老师同行时，应主动让老师先行走出教室门口，同学之间也应互相礼让，而不能拥挤。即使马上又要到另一座教学楼上课，也不应着急，从容有序才是学生应有的文明行为。

◇上下楼梯，避免拥挤、奔跑

上下楼梯步伐要轻，注意姿态、速度，不能拥挤、奔跑。

上下楼梯，靠右通行，不应多人并排行走。要坚持自右侧而上，自右侧而下的原则。这样一来，有急事的人便可以快速通过。

要减少在楼梯上停留的时间。楼梯多是人来人往之处，所以不要在楼梯上休息、站在楼梯上与人交谈或是在楼梯上缓慢地行进。

上下楼梯，应保持与前后人员的距离，以防碰撞。

若携带较多物品上下楼梯应等楼梯上人较少时再走，以免相互影响。

要注意礼让。上下楼梯时，千万不要同他人争抢。出于礼貌，可请对方先行。

◇课间休息，积极地放松大脑

上课时由于用脑时间较长，心跳减慢，大脑供氧不足，就会产生疲劳和困倦，从而使视觉和听觉功能受到影响，思考、理解和记忆的效率大打折扣。若不能休息一下，就会严重影响学习效果和身体健康。可是有的学生喜欢利用课间读书或做练习题，不愿到室外活动，认为那是浪费时间，这种做法是得不偿失的。

课间宜做如下活动，放松自己：

一是室外望远。眺望远处树木或建筑物，对放松眼部肌肉、预防近视大有益处。

二是做一遍眼保健操。这样既做到了课间的轻松休息，又缓解了眼部疲劳，实为一举两得之措。

三是散步。边走边做深呼吸，同时用力摆动双臂，再做前后屈体及转体等腰腹部运动。这样，既活动了全身肌肉，又使血液循环加强，增强了新陈代谢。

四是做些体力负荷不大的游戏。做一些这样的游戏既能活动身体，又能调节神经。

课间十分钟的活动，主要是为了消除疲劳，改善大脑功能，为下节课做好准备。因此，切忌运动量过大，乃至大汗淋漓。应当注意的是，在上课前一至两分钟应停止运动，进入教室，做好下一节课的准备。

◇课间上厕所的礼仪

每到课间，都是厕所最"繁忙"的时候，因此课间上厕所，务必遵守秩序，不要拥挤，不要插队；注意不要将排泄物弄到便池以外；将厕纸放到指定位置，不要随意丢进便池，以免堵塞，给后面的人带来不便；动作要迅速，节约时间，给后面的同学提供方便。

用完厕所要及时放水冲洗。有的地方即使贴了告示，有的学生还是一走了之。大家应知道，这是个坏习惯。所以，同学们一定要相互提醒才是。

另外，大家还应注意：用洗手间时要关门，离开时把门敞开。

第十一章

尊重教师：
学生与教师交往的礼仪

尊师重教自古以来就是中华民族的传统美德，"善之本在教，教之本在师"。教师承担着"传道、授业、解惑"的责任，理应受到尊重。

在古代，老师是最受人尊重的职业之一，就连统治天下的君王也十分尊重自己的老师。尊重老师，首先要讲礼仪，有礼貌，并以学生的自觉行动体现在与老师交往的过程中。这既是身为学生的应有本分，也是良好教养的文明表现。

56

学生与教师交往的基本原则有哪些？

新型的师生关系，应当是一种民主、平等的师生关系。在这一基础上，学生必须把握以下三大准则。

◇ 尊敬老师

古话说："一日为师，终身为父。"之所以学生必须尊敬老师，一方面是由于教师所从事的这种职业的高尚性；另一方面，尊敬他人、尊敬长辈是中华民族的传统美德，也是一个人在心智上走向成熟的标志之一，是一种道德行为。

教师是人类灵魂的工程师。当学生还懵懵懂懂的时候，教师是那个给予学生知识、品德，牵着学生们的手帮助他们走向成熟的引路者。很多人在回忆往事时，常常会满怀深情地谈起以前的教师，教师给予学生的东西是学生一生都在享用的财富，也往往是等到学生成年之后才能体悟到的。

◇ 理解老师

教师也会犯错误，在课堂上讲错了题、批评过于严厉、对学生有偏心等，都是一个普通教师很容易出现的错误。当教师犯错误时，作为学生最好换个角度看问题，站在教师的立场去想想。想想教师为什么会生气，想想自己如果是老师会怎样处理这个问题。这样，就能理解老师的许多做法，原谅老师所犯的错误。

学生也可以去找老师谈心，和老师交流一下自己的想法，听听老师怎么说。当然，也有一些极个别的老师出现的错误是原则性的，甚至已经触犯了法律，这时就应该向其他老师、学校领导或者是家长寻求保护。

◇ 心态平等

师生关系首先是人与人之间的关系。老师年龄比自己大，学科专业知识比自己丰富，社会阅历比自己广，又是自己的引路人，管理自己在学校里的学习生活，但这并不意味着老师和自己的关系就是统治者与被统治者的关系。

所以，学生和老师交往的时候，心态上要平等。平等意味着两个层面：一方面没有必要去畏惧自己的老师，另一方面也不能轻视老师付出的劳动。平等原则适用于所有人际关系，在步入社会以后，与领导、同事交往的时候，也必须有一个前提：我们在人格上是平等的。

57

学生如何与教师建立良好的师生关系？

◇ **提高素质，做老师喜欢的学生**

让老师喜欢自己，实际上是积极处理人际关系的一种方法。虽然老师们深刻地知道，公平对于学生而言是十分重要的，但是他依然会有自己的个人偏好。有的学生可能会认为，老师喜欢的都是成绩好的学生。但是，大多数教师都不会以成绩作为评判一个学生的唯一依据。那么，老师究竟喜欢什么样的学生呢？

①真诚坦率，不撒谎。

②开朗乐观，有童心，有爱心。

③遇事能够为别人着想，不自私。

④有错就痛痛快快地说："我错了。"不狡辩，不抵赖。

⑤喜欢主动接近老师，帮忙做些力所能及的事。

⑥能真诚地理解老师的甘苦，关心老师，体贴老师。

上述几点，只是加强学生自身修养的一个准则。作为学生如果能够照着上面所说的去做，切切实实地把自己培养成为一个具有良好道德修养的人，一定会让老师认可自己、喜欢自己，将来也会被社会认可。

必须提醒的一点是，千万别花费心思去讨好老师，那样做不仅腐蚀了自己的灵魂，也不可能真正得到老师的喜欢。

◇ **时刻文明有礼，尊敬老师**

学生尊重老师，首先体现在礼节上的尊重，所以在与老师相处时，要时刻做到文明有礼。

①见到老师，要主动问候。

向老师问好是尊师最基本的体现。学生遇到老师问声好，是对老师的一种报答、一种安慰、一种尊重。一声亲切的问候可以化解老师一天的疲劳。那么见到老师应如何主动问候呢？

遇见老师应主动停下，微微鞠躬问好；分别时，主动说再见。

遇见两个以上老师，问"老师们好"。

在校外遇到老师时，应主动和老师打招呼，不得故意回避。

②进老师的办公室，要做到礼貌有加。

办公室是老师们备课、教研和交流的工作场所。在学校进出老师的办公室是极为寻常的事情。有时为了送作业本，或请教问题，或为其他事情常需要到老师的办公室，但是进出老师的办公室也有一定的礼仪讲究。作为学生，一般是不可以随便出入老师办公室的。冒昧造访，冒失进入，不单单会影响自己要找的老师，也会影响其他老师。因此，进入办公室之前，必须先敲门或喊报告，待老师允许后，才可以进去。

去老师办公室，应掌握好时间，没有紧急的事情，去老师的办公室应该在上课前下课后或者是放学后，待的时间也不宜过长。

有事去老师的办公室时，进入后脚步应尽量放轻，与老师的交谈声音不要太大，以免影响办公室内其他老师办公。

③不要中断老师手头上的工作。

如果老师手头上有事情正在忙或正与人进行重要交谈，应躬身站立一侧，等老师办完事或谈完话后再与老师交谈，切忌探头探脑。向老师交作业本、试卷等要在办公桌上摆放整齐。

④不能随便乱翻东西。

乱翻老师的东西，是对老师不尊重、不礼貌的行为，也是很不道德的行为，还会影响老师的教学活动。老师的教科书、参考书、备课本、作业本、考试卷等一般都会放在办公桌上或抽屉里，如果被翻乱了，老师的教学工作就会受到影响。老师的抽屉里还有一些东西是需要保密的，比如说未启用的试卷，不公开的学生成绩表、日记本、信件、钱包等。如果乱翻这些东西的话，丢失或泄密都会给老师或者学校的工作带来不良的影响。

⑤不要停留太久。

老师每天既要备课、钻研教材，又要给学生批改作业、试卷，还要和其他老师交流教学经验。因此，老师每天的工作安排都是有计划性的，如果学生长时间停留在老师的办公室里，必然会给老师的工作带来影响。因此，每个同学都不要长时间待在老师办公室中，更不要因为一点点小事、琐事就去办公室找老师。

⑥脚步轻轻离开。

告别老师时，应先倒退两步，然后再转身出去，将门轻轻带上。尽量不要发出声响，要轻手轻脚，保持安静，不要给其他老师的正常工作带来影响。

◇每逢教师节，要主动真诚地祝贺

尊师重教是我国的传统美德，但随着时代的变迁，少数人开始用纯粹的利益来衡量各种东西，过去师生间那种亦师亦友的美好关系也在这种衡量下变了味儿。

作为学生，不要用礼物的贵重与否来衡量与老师的关系，发自内心的尊重，真诚地道一声"老师，您辛苦了！"就是给老师最好的礼物。

58

学生如何应对老师的提醒、批评？

有些同学在课堂上违反纪律，影响学习，因此免不了受到老师的提醒与批评。这些受到批评的同学往往心里十分不高兴，认为老师当着全班同学的面批评他，是故意拆他的台，让他丢了脸，从而对老师满肚子怨气，更有甚者，还当场顶撞老师，态度恶劣。显然，这些都是错误的、没有修养的行为。

有过失的同学，应该怎样理解和对待老师在课堂上的提醒、批评呢？

首先应认识到，一堂课，只要有一两个人在那里窃窃私语或做小动作，都会使整个班级的学习气氛受到破坏，影响老师的讲课情绪。这时，老师及时的提醒与批评是对课堂的负责。假如老师对这些不良现象不闻不问，放任自流，这样的老师便不配称为老师。《三字经》上说："教不严，师之惰。"明白了这一点，也就明白了当老师在课堂上提醒、批评学生不守纪律的行为时，即使是点名批评自己，也不应愤愤不平，认为老师是故意让自己出丑，而是应该愉快地接受，并立刻改正。

◇ 及时认错

如果自己违反了班规校纪，应该及时向老师承认错误，不要试图掩盖或是隐瞒。

◇ 不说气话、怪话、脏话

犯了错误以后，老师批评你时，不应对老师说气话、怪话、脏话。比如，对老师说"我什么都不想说，随便你怎么处置"，"不要以为你是老师，我就怕你"，等等。

◇ 态度要端正，虚心接受老师的教诲

犯了错误，老师批评你时，应该态度端正，虚心接受，不能强词夺理，也不能挖苦或是讽刺老师，更不能跟老师记仇，伺机报复老师，那是非常错误的行为。

◇ 不要忘了说"谢谢"

犯了错误后，老师苦口婆心地教育你，是为了让你认识到自己的错误，以免今后再犯。所以，在老师教育完你后，你应当真心实意地向老师道一声"谢谢"。

◇ 服从学校工作人员或是宿舍管理员的管理

学校的工作人员和宿舍管理员虽然不是自己的任课老师，但也应该尊重他们，如果违反了班规校纪或是宿舍管理条例，应该自觉接受他们的批评和教育，并加以改正，不能顶撞他们。

人都会犯错，关键在于犯错后的态度，不能犯错后死不认错。处于成长阶段的学生，老师在自己做错事的时候及时指出、纠正，对自己的成长来说是非常有益的。所以，面对师长的批评，学生应当心怀感激，并且认识到自己的错误，积极地改正。

59

学生如何向老师提意见？

老师在学生面前，要具有一定的权威性，这样才能够为学生所信服。但老师也难免会发生一些失误，学生可用诚恳的态度对老师的失误提出意见，但在提意见时一定要注意以下几个方面。

◇ 要注意把握提意见的时间、地点

如果在听讲时发现老师讲话有误或有不当之处，最好不要马上发表意见，一是避免打断老师的思路，分散其他同学的注意力，干扰教学进度；二是不要当众让老师难堪，这也是为人处世的一个基本原则。

◇ 方式宜委婉不宜直接

没有人喜欢别人直接地否定自己。因此，在向老师提意见时最好用商量、礼貌的语气，采用间接一点儿的方式表明自己的观点。"我觉得是不是应该这样""我的看法是……"类似这样的句子都是比较委婉的表达方式。

作为学生，当你向老师提出自己的意见时要诚恳，要让老师能够感受到你的诚意。切忌冒冒失失、随随便便地就说老师这里不对、那里不好。自己在尊重老师的同时也一定会得到老师的尊重。

◇ 不嘲笑老师的偶然错误

当老师偶尔出现错误，比如写错了字、读错了音或是说错了一句话，学生不应该嘲笑、讽刺或是在班上带头起哄，那是不尊重老师的行为。

◇ 不故意刁难老师

当老师出现错误后，不应该故意刁难老师，比如要求老师把以前读错的字再读一遍，或是马上要求老师给自己或全班同学道歉。

◇ 用语要文明

指出老师的错误，用语要文明，应该这样说："老师，对不起，您有个字写错了。"不能用这样的语言："喂，哎，你把字写错了。"

◇ 不要进行人身攻击

指出老师的错误时，切不可进行人身攻击，比如说"你不配当我们的老师"，"你水平太差了"，诸如此类的话语是对老师的伤害，也是缺乏个人修养的体现。

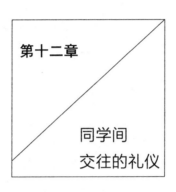

第十二章

同学间
交往的礼仪

　　在校园生活中，学生之间的相互交往丰富多彩。每个学生在与同学交往时，都会反映出个人的品质与修养。只有尊重别人才能获得别人的尊重，只有善待他人才能得到他人的善待。因此，学生应注重和同学交往的礼仪，这不仅有利于同学之间的情感交流，增进彼此间的友谊，而且还能增进团体之间的合作。从小培养文明交往的礼仪素质，也是走向社会后善于人际交往、实现和谐发展的基础。

60

同学间交往有哪些基本礼仪要求？

◇ 平等尊重

尊重别人就是要关心人、爱护人、体贴人。要尊重高年级的同学，爱护低年级的同学，关心同龄同学，帮助落后同学，尤其要尊重有智力或生理缺陷的同学。不应唯利是图、以貌取人，不能仗势欺人、以强欺弱。同学之间不论其家庭背景如何、成长经历丰富与否、个人能力强弱、学习成绩好坏、有无职位，都是平等的，都应当相互尊重。须知尊重别人等于尊重自己，也只有尊重别人，才能得到别人的尊重。

◇ 理解宽容

一个善于理解别人的人，往往也能被别人所理解，这是同学之间形成融洽关系的基础。在现实生活中，同学之间难免会因一些小事而话不投机，造成隔阂，但是没有根本利益上的冲突。要想消除隔阂，就应该从善意出发，进行换位思考，以积极、宽容的态度理解对方，从而求得对方的理解。

◇ 言语文明，以礼待人

同学之间要有礼貌。一个彬彬有礼的人在任何时刻、任何场合都是受人欢迎、令人尊重的。

①注意用语文明。对同学以礼相待，既是尊重同学，也是尊重自己。同学之间交谈的时候，应当注意语言文明。作为有文化、有知识、有教养的现代人，在交谈中一定要使用文明、优雅的语言，不讲脏话、黑话、粗话、怪话等不文明的语言。

同学之间虽然年龄相近，也同样要使用礼貌用语。不要张口就是祈使句，比如"喂，你过来一下"，"嘿，这道题怎么做啊"，"喂，把尺子给我用用"……这些话只能让你的同学对你产生反感，久而久之，你就成了不受欢迎的人。

②不要随意给同学起绰号，尤其是那些带有贬损意味的绰号。贴切的昵称会令同学间的关系更加和谐、亲密，但揶揄性的称呼、蔑称一定会伤害对方，也丝毫不会令你显得幽默。

◇ 相互谦让、团结友爱

同学是在一所学校、一个年级或一个班同时就读，而且很多还是同一位老师教出来的，同学之间的友谊是最天真、纯情和真挚的，同时也是最值得珍惜的。因此，同学之间要团结友爱，要积极主动地去帮助有困难的同学，要尊重他人的生活习惯。处处要注意团结同学，自己的一言一行、一举一动都要从团结的愿望出发。

在校园生活中，由于每一名学生的性格、经历、习惯各有不相同，同学之间难免会有一些小摩擦。作为一名合格的学生，应该拥有开阔的胸襟，不要计较同学之间的小是小非，尤其不要无事生非。

61

与异性同学相处应注意哪些礼仪？

与异性交往是人的正常交往活动之一，并没有什么特别神秘之处。学生应公开、大胆地交往，不要故作神秘，更不要扭扭捏捏；交往要坦诚，说话不要支支吾吾，做到自然大方，泰然磊落。异性之间只有彼此充分了解，才能获得真挚永久的友谊。

◇ 既大方又有分寸，既尊重自己又尊重异性同学

男女同学相处不要忸怩作态。要落落大方，彼此尊重。提倡男女同学打破界限，友好相处，并不等于毫无界限。男女毕竟有别，和异性动手动脚、打打闹闹，开出格的玩笑，这些都是不尊重异性，也是不自重的表现，要坚决避免。不要只和一个异性同学交好，更不要有杂念。

◇ 光明磊落，理直气壮

有一个例子很能说明问题。

有一次放学时赶上下大雨，一位男同学看见邻座的女同学没带雨具，就和她共打一把伞，把她送回家。没想到，在半路上被几个男同学看到了，他们立即围着他起哄。第二天早上，班里就传开了流言蜚语，有些同学不

怀好意地追问他是否有这回事，他不好意思，吞吞吐吐不敢承认。后来他想，自己没有做错事，干吗要躲躲闪闪说谎话呢？于是，当有同学再问他："那天你打伞送谁回家啦？"他回答得十分干脆："我送××同学回家了。你有什么事吗？"那个同学自讨没趣地走了。

可见，只要自己做得对，就不必计较别人的非议。理直气壮，该怎么做就怎么做，流言很快就会自行消失。

◇ **积极参加集体活动，建立团结友爱的集体**

经常开展集体活动，对男女同学建立正常、友爱的关系是十分有益的。凡是集体活动开展得好的班级，男女同学的关系也会相处得很好，班风健康向上。这是为什么呢？因为集体活动活跃和丰富了同学们的课余生活，增加了同学间的相互了解，也树立了同学们的集体主义观念。例如，在春游、露营活动中，男生主动拿重物，女生主动整理餐具，大家一起打球、唱歌、吃饭，男女同学的关系一下子就会融洽起来。在体育或歌咏比赛时，男女同学齐心协力，往往会取得好成绩，这就直接地激发出男女同学互相帮助、团结友爱的热情。

◇ **平等互励，共同提高**

异性同学，年龄相仿，情趣相投，有共同的语言。如果能平等相待，相互学习，取长补短，彼此激励，最终达到共同提高，这不仅能使生活充满欢乐和生机，而且能使双方的友谊地久天长，更加高尚、纯洁。

62

不善交际的同学如何改善自己的人际关系？

虽然每位青少年学生都希望自己有良好的人际关系，拥有许多朋友，但总有个别学生表现得与他人格格不入，难以相处。

有一名同学委屈地诉苦说："我现在感到很孤独、寂寞，在学校同学们都不愿意和我交往，课间也没有人约我一起玩。我很想和同学们处好关系，摆脱这样的困境，但又不知应该怎么办……"

是的，那些因不善于与他人交往而陷入孤独中的学生，显然是非常苦恼的。同学们如果想摆脱这种苦恼，就应该从以下几方面做起。

◇ 要尊重他人，平等待人

任何学生，无论成绩好或差，都希望受人欢迎，希望得到别人的尊重。所以，平时要注意真心诚意地尊重每一个人。这样，在尊重别人的同时，自己也会获得别人的尊重。

◇ 以诚待人，热心助人

在集体中，自私自利，处处表现出"小家子气"的人是最不受欢迎的。

应当融入集体，团结友爱，同学有困难时伸出援手。

◇ 不要孤芳自傲

如果你成绩很好或是班干部，或有某一方面的特长，则要注意和其他同学特别是后进同学打成一片。比如，课间和大家一起活动，给大家讲自己所知道的有趣知识，分享生活中的见闻，以此拉近与同学之间的距离。这样你就会成为一个受同学喜爱的人。

◇ 不要妄自菲薄

如果因为学习较差或有某些弱点，就总觉得自己不如别人，这样反而会被同学瞧不起。如果能自尊、自重，实事求是地评价自己，并在与他人的交往中发挥自己的长处，使同学感到与你相处能取长补短，很有意义，大家就自然愿意和你交朋友了。

◇ 改正自身的坏毛病

如不讲守信用、不能为别人保守秘密、爱在背后议论人等，都是影响人际关系的坏毛病。如果自身有不足，就要立即改正。否则，就难以赢得大家的信任，别人自然也就不愿与你交往。

只要你时时严格要求自己，以诚待人，宽容他人，善待他人，就一定能和同学和睦相处。

63

同学间产生矛盾应如何化解？

有一位同学在日记中写道：我仅为了一点儿小事就与同学吵翻了。吵架以后，心里老放不下。每次想和解，同学都故意扭身不理我。每当这时我就想：算了吧，吵架又不全怨我，一个巴掌拍不响，你不理我，我干吗非理你？可是一个人的时候，心里还是放不下，不想这样继续下去，又不知道怎么去和好。

应该说，同学之间有些矛盾、闹点儿别扭或者因一时不冷静吵一架，这些都是正常的，难以完全避免，因为每个人都有自己的脾气和性格特点，而且又都处于人生的不成熟期。但是，同学毕竟是同学，有了矛盾必须妥善解决，总不能这样一直僵持下去。但怎样才能达到和解的目的呢？那就是坦诚。

青少年学生应当记住：任何时候，任何事情只要以坦诚为前提，就有和解的可能和机会。

相信很多同学都有这样的感受：当自己和同学发生矛盾，错在自己时，自己会内疚；而错在对方时，自己也会心情不好，因为每个人都希望保持愉快的朋友关系。所以，化解矛盾比追究谁对谁错更有意义。

在矛盾激化的时候，多数人都有一个不自觉的表现：心软嘴硬。心里本不想吵下去了，可是嘴上不吃亏；吵架之后，心里懊悔，表面上却硬挺着。有时候双方都有和解的意愿，但因摸不清对方的意图而处于犹豫之中；有的自认为在吵架中受了委屈，丢了面子，为了争这个面子，故意做出强硬的姿态。

一个人自己犯的错误而给别人造成伤害时，最简单的方法往往也是最聪明、最有效的方法，那就是坦诚地告知真相，承认自己的过错，相信对方一定能够感受到你的诚意，从此解开心结。没有什么比矛盾化解后，两个人言归于好更让人开心的事了。

一般情况下，有误会及时和解最好，这样可以避免误会继续加深。但是，有些情况下，先冷处理一段时间也不错。在冷处理的过程中悉心捕捉和解的机会，策划和解的行动，一旦行动，和解成功的把握会更大。

采取什么方式和解最好呢？同学们可以试试以下方式：在有很多同学在场的情况下，直接提出和解，对方万一不接受，不管什么原因，都会打击自己的和解信心和积极性。所以，公开场合应以意会为好。比如在班级里，对方正想借一块橡皮，你可以主动递一块橡皮过去，即使对方没用你递过去的橡皮，也会明白无误地知道你要和好的意愿；反过来，你也可以主动伸手向对方借一块橡皮，即使对方没借给你，也表明你没把吵架当回事。